30天汉语通

短期汉语口语课本
初级本

	陈　如	
北京大学	刘　虹	编著
	刘立新	

Jennifer Chin
Mark Thorndal　英语翻译

田宫祥子　　日语翻译
小　可　　　插图绘制

华语教学出版社

First Edition   1994
Second Printing   1996
Third Printing   1997
Fourth Printing   1999
Fifth Printing   2002

All rights reserved. No part of this book may be reproduced, stored in a retrieval system, or transmitted in any form or by any means without permission in writing from the publisher.

ISBN 7-80052-587-2
Copyright 1994 by Sinolingua
Published by Sinolingua
24 Baiwanzhuang Road, Beijing 100037, China
Tel: (86) 10-68995871 / 68326333
Fax: (86) 10-68326333
E-mail: hyjx@263.net
Printed by Beijing Foreign Languages Printing House
Distributed by China International
Book Trading Corporation
35 Chegongzhuang Xilu, P.O. Box 399
Beijing 100044, China

Printed in the People's Republic of China

前　言

《30天汉语通》这套汉语口语教材分初级本和中级本。初级本可供已经学过约三百个词汇的汉语初学者使用，中级本可供已经学会约八百个词汇的汉语学习者使用。

这套教材的内容以在中国生活的外国人经常碰到的交际场合为背景，注重选择最实用、使用频率最高的语句，目的是使学习者能够在较短时间内，提高口头言语交际能力。

教材对口语中的一些表达方式和交际习惯进行了注释，以使学习者能够在学习汉语口语的同时，了解一些交际文化方面的知识。练习的编排采用多种形式，启发学生反复使用课文中学到的重点词语、常用句型、会话结构、交际规则进行会话，注重提高学生的应答能力和成段表述自己思想的能力。练习后补充了一些与本课话题有关的词语供做练习时选用。

本书既可作为短期班汉语口语的强化教材，也可以作为周学时较少的普通班的口语教材，还可以作为自学教材。为便于学习，本书还配有录音磁带。

练习后的补充词语日语翻译为王顺洪副教授。

编　者
1993年11月

Foreword

This set of spoken Chinese text, *Expert in Chinese in 30 Days*, is divided into beginning and intermediate volumes. The beginning text is for use by beginners who have already studied about 300 vocabulary words. The intermediate text is for use by those who have already studied 800 or so vocabulary words.

The content of these texts takes as background the social communication situations that foreigners living in China often come across. Emphasis was placed on selecting the most practical, the best, and most frequently used sentences, the goal being to enable the student to quickly improve his ability in oral communication within a relatively short period of time.

Certain methods of expression and terms of social intercourse are explained through annotations so that the student will glean some cultural knowledge and understanding while studying spoken Chinese.

Many exercises of various types are arranged and designed to inspire the student to repeatedly utilize important language features studied in the lessons ——often-used sentence structures, conversational structures, social discourse guidelines for conversation. Emphasis is on increasing the student's ability to express his own thoughts. Additional practice materials are added at the end of the lessons to supplement the topics taught.

The texts can be used as intensive training materials to fortify short-term courses in spoken Chinese, and can also be used as regular teaching materials in weekly classes, as well as for self-study. To make study more convenient, the texts are also accompanied by aural cassettes.

The additional Japanese vocabulary translation was done by Assistant Professor Wang Shunhong.

The Editors
November, 1993

まえがき

　本書『30天漢語通』は初級用と中級用の2冊から構成されています。初級用教材は、すでに300語前後の語彙を学習している初級者向き、中級用教材は800語前後を学習している中級者向きとなっております。

　本教材の内容は、外国人が中国での生活において遭遇することの多いコミュニケーションの場を背景としています。また、実用的で使用頻度の高い語句を厳選し、短時間で確かな会話力の習得を目的としています。

　本教材では、本文中の表現方法や文化習慣に注釈をつけ、中国語会話を学ぶとともに交際や文化についての知識をも得られるようにしております。また、多種多様な練習問題形式を採用しており、本文で学んだ重要単語、文型、会話構成、交際のきまりを繰り返し用いることで、応答能力や自己表現能力が向上するようになっています。練習問題の後ろには本文の話題に関連する単語を補充し、練習の際に用いることができるようになっています。

　本書は短期班の中国語会話強化教材としてだけでなく、学習時間数の少ない普通班や独学用の教材としてもお使いいただくことができます。また、カセットテープがついており、一層学習しやすいようになっております。

　練習問題の補充単語の日本語訳は王順洪副教授によるものです。

編　者
1993年11月

目 录

第1课　我是…… …………………………………………… 1
　　　　I Am…
　　　　私は……

第2课　咱们怎么去呢? …………………………………… 12
　　　　How Should We Go?
　　　　どうやって行くの?

第3课　您想买什么? ……………………………………… 23
　　　　What Would You Like to Purchase?
　　　　何をお求めですか?

第4课　我上邮局 …………………………………………… 34
　　　　I'm Going to the Post Office
　　　　郵便局へ行く

第5课　喂, 是北大吗? …………………………………… 46
　　　　Is This Beijing University?
　　　　もしもし、北京大学ですか?

第6课　我该理发了! ……………………………………… 57
　　　　It's Time for Me to Get a Haircut
　　　　そろそろ散髪に行くころだ

第7课　去朋友家 …………………………………………… 67
　　　　At a Friend's House
　　　　友達の家へ行く

第8课　你想吃点什么? …………………………………… 80
　　　　What Do You Want to Eat?
　　　　何にしますか?

第9课　这个菜味道不错 …………………………………… 91
　　　　This Dish Tastes Pretty Good
　　　　この料理はおいしいよ

第10课　请帮我·· 103
　　　　Could You Please Help Me…
　　　　どうか手伝って下さい

第11课　我们一块儿去玩吧·· 114
　　　　Let's Go out Together
　　　　一緒に遊びに行こう

第12课　祝你生日快乐!·· 126
　　　　Happy Birthday
　　　　お誕生日おめでとう

第13课　你哪儿不舒服?·· 137
　　　　What's the Matter with You?
　　　　どこが具合悪いですか？

第14课　我的进步不小··· 149
　　　　I have Improved Quite a Bit
　　　　大いに進歩したよ

第15课　我喜欢用筷子··· 160
　　　　I like to Use Chopsticks
　　　　箸を使うのが好きなんだ

第16课　我真舍不得离开这里·· 173
　　　　I'd Really Hate to Part with This Place
　　　　ここを去るのは本当に辛い

第 1 课　　我是……

(在校园里)
(Zài xiàoyuán li)

美智子: 请问[1]，南门儿在哪儿?
　　　　Qǐng wèn, nán ménr zài nǎr?

王玉华: 我也要去那边儿，你跟我走吧!
　　　　Wǒ yě yào qù nèibiānr, nǐ gēn wǒ zǒu ba!

美智子: 太好了，谢谢你。
　　　　Tài hǎo le, Xièxie nǐ.

王: 你是哪国人?
　　Nǐ shì něi guó rén?

美智子: 我是日本人。
　　　　Wǒ shì Rìběn rén.

王: 是第一次来中国吗?
　　Shì dì yī cì lái Zhōngguó ma?

美智子: 对。我是留学生，短期班的。你呢[2]?
　　　　Duì. Wǒ shì liúxuéshēng, duǎnqībān de. Nǐ ne?

王: 我是历史系的。来中国以前你学了多长时间汉语?
　　Wǒshì lìshǐ xì de. Lái Zhōngguó yǐqián nǐ xué le duō cháng shíjiān Hànyǔ?

美智子: 半年。
　　　　Bàn nián.

王: 学完汉语以后你想干什么?
　　Xué wán Hànyǔ yǐhòu nǐ xiǎng gàn shénme?

美智子: 我想当翻译，可是我的口语还不行[3]。
　　　　Wǒ xiǎng dāng fānyì, kěshì wǒ de kǒuyǔ hái bùxíng.

　　　　(又谈了一会儿)
　　　　(Yòu tán le yíhuìr)

王: 那就是[4]南门儿。

— 1 —

美智子:
Nà jiùshì nán ménr

太谢谢你了。哦,我忘了问你的名字了。你贵姓?
Tài xièxie nǐ le. Ò, wǒ wàng le wèn nǐ de míngzi le. Nǐ guìxìng?

王: 我姓王,叫王玉华。你呢?
Wǒ xìng Wáng, jiào Wáng Yùhuá Nǐ ne?

美智子: 我叫西山美智子。很高兴认识你!
Wǒ jiào Xīshān Měizhìzǐ. Hěn gāoxìng rènshi nǐ!

王: 我也很高兴!再见!
Wǒ yě hěn gāoxìng! Zàijiàn!

美智子: 再见!
Zàijiàn!

Lesson 1   I Am …

(On the campus)

Michiko:	Excuse me, where is the south gate?
Wang Yuhua:	I also have to go there. Why don't you follow me?
Michiko:	Great, thank you.
Wang Yuhua:	What's your nationality?
Michiko:	I am Japanese.
Wang Yuhua:	Is this your first time in China?
Michiko:	Yes. I am a short term student. And you?
Wang Yuhua:	I am from the history department. Before coming to China, how long have you studied Chinese?
Michiko:	Half a year.
Wang Yuhua:	What do you want to do after you finish studying Chinese?
Michiko:	I want to be an interpreter, but my spoken Chinese

	is not good enough yet. (Chatted for awhile more)
Wang Yuhua:	That's the south gate right there.
Michiko:	Thank you very much. Oh, I forgot to ask your name. What's your last name?
Wang Yuhua:	My last name is Wang. My name is Wang Yuhua. And yours?
Michiko:	My name is Michiko Nishiyama. I'm very pleased to meet you!
Wang Yuhua:	I'm also very pleased! Goodbye!
Michiko:	Goodbye!

第1課　私は……

（校内にて）

美：すみません、南門はどちらですか？
王：私もそこまで行くところですから、一緒に行きましょう。
美：よかった。ありがとうございます。
王：どちらの国の方ですか？
美：日本人です。
王：中国へは初めて？
美：ええ。短期の留学生なんです。あなたは？
王：歴史学部の学生です。中国へいらっしゃる前にどれくらい中国語を勉強したんですか？
美：半年間しました。
王：中国語を学んだ後は何をなさるつもりですか？
美：翻訳の仕事につきたいんですが、中国語の方がまだまだで。
　　（しばらく話をする）

王：あれが南門です。
美：本当にありがとうございました。ええと、お名前をうかがうのを忘れていました。何ておっしゃるんですか？
王：王です。王玉華といいます。あなたは？
美：西山美智子です。お知り合いになれて良かったわ。
王：私こそ。それじゃ、さようなら。
美：さようなら。

词　语

1.	校园	（名）	xiàoyuán	campus 校庭、校内
2.	南门	（名）	nán mén(r)	south gate 南門
3.	跟	（动）	gēn	follow 従う、後に続く、～と
4.	第一次		dì yī cì	the first time 初めて
5.	留学生	（名）	liúxuéshēng	student studying abroad 留学生
6.	短期班	（名）	duǎnqī bān	short-term class 短期班
7.	历史	（名）	lìshǐ	history 歴史
8.	系	（名）	xì	department 学部
9.	以前	（名）	yǐ qián	before 前、以前
10.	半年		bàn nián	half a year

— 4 —

				半年
11.	以后	(名)	yǐhòu	after, afterwards, later 以後、その後
12.	当	(动)	dāng	to be (as a profession), to work as ～になる、務める
13.	翻译	(名)	fānyì	translator, interpreter 翻訳、通訳
14.	可是	(连)	kěshì	but しかし、でも
15.	哦	(叹)	ò	oh ああ、ええと
16.	忘	(动)	wàng	forget 忘れる
17.	贵姓		guìxìng	Your honorable name? お名前
18.	认识	(动)	rènshi	know, be acquainted with (a person) 知っている、お知り合いになる

专　名

1. 日本　　　　Rìběn　　　Japan
　　　　　　　　　　　　　日本

注　释

① 请问……

询问时的礼貌用语，用于句首。例如："请问，哪位是王玉华？""请问，现在几点了？"

② 你呢?

这是一个省略问句。意指"你的情况怎么样呢?"、"你的想法是什么呢?"

③ 还不行

在这里指口语水平还不够好。

④ 那就是南门

"就是"意指情况正是如此。"就"在"是"(或"在"等词)前,起加强肯定语气的作用。

⑤ 你贵姓?

初次见面询问比自己年长或同辈人的姓名时的礼貌用语。回答时可以只答"我姓×××",也可告诉全名。其它还有"你叫什么名字"等。

英语注释

① 请问

请问 is a polite expression used at the beginning of questions. For example: 请问,哪位是王玉华? [Excuse me, which (of you) is Wang Yuhua?] 请问,现在几点了?(Excuse me, what's the time?)

② 你呢?

This is an abbreviated question sentence. The meaning is roughly "What is your situation like?" or "What is your opinion?". It is comparable to the English "And you?" or simply, "You?".

③ 还不行

Here 还不行 indicates Michiko's proficiency in spoken Chinese is still not good enough.

④ 那就是南门

就是 indicates the situation is exactly like this. When 就 precedes

是，在 etc., it has the effect of strengthening the affirmative tone of the sentence.

⑤ 你贵姓?

This is a polite expression used to ask the surname of someone whom you have just met for the first time and who is of your own age or older. One can answer this question with one's surname only or give one's entire name. To ask someone's name, one can also say: 你叫什么名字? (What's your name?)

日 语 注 释

①请问……

人にものを尋ねるときに用いる丁寧語で、文頭につける。例:"请问，哪位是王玉华?""请问，现在几点了?"

②你呢?

省略疑問文である。"あなたの方はどうですか？""あなたの考え方はどうですか？"という意味である。

③还不行

ここでは、口語のレベルがまだ十分でないことを表す。

④那就是南门

"就是"とは、情況がまさにそのようであるという意。"就"は"是"（或いは"在"等の単語）の前につけ、肯定の語気を強める働きがある。

⑤你贵姓?

初対面で自分より目上または同世代の人に姓名を尋ねるときに用いる丁寧語。答えは"我姓××"（姓だけ）でも、フルネームを告げてもよい。ほかには"你叫什么名字"などがある。

练 习

一、仿照例句完成对话:

1. 甲:＿＿＿＿＿＿(请问)
   乙: 我叫王川。

例: 甲: 请问你叫什么名字?
   乙: 我叫王川。

① 甲:＿＿＿＿＿＿(请问)
   乙: 我在北大工作。

② 甲:＿＿＿＿＿＿(请问)
   乙: 我就是张强。

③ 甲:＿＿＿＿＿＿(请问)
   乙: 我姓刘。

2. 甲: 哪位是王老师?
   乙:＿＿＿＿＿＿(就是)

例: 甲: 哪位是王老师?
   乙: 那位就是(或: 就是那位。)

① 甲: 办公室在哪儿?
   乙:＿＿＿＿＿＿(就在)

② 甲: 你住在哪儿?
   乙:＿＿＿＿＿＿(就住在)

③ 甲: 你要买哪本书?
   乙:＿＿＿＿＿＿(就买)

3. 甲: 我是日本人,你呢?
   乙:＿＿＿＿＿＿

例: 甲: 我是日本人,你呢?
   乙: 我是美国人。

① 甲: 我住在6号楼,你呢?
   乙:＿＿＿＿＿＿

② 甲:＿＿＿＿＿＿,你呢?

— 8 —

乙：我以后想当老师。

③甲：＿＿＿＿＿＿＿，她呢？

乙：她也很想来中国。

二、完成对话：

1.甲：你好！

乙：＿＿＿＿＿＿！

甲：你贵姓？

乙：＿＿＿＿＿＿。

甲：你是哪国人？

乙：＿＿＿＿＿＿。你呢？

甲：＿＿＿＿＿＿。认识你很高兴！

乙：＿＿＿＿＿＿。

2.甲：老师，＿＿＿＿＿＿！

乙：你好！

甲：＿＿＿＿＿＿？

乙：我姓王。＿＿＿＿＿＿？

甲：我叫田中英夫。

乙：＿＿＿＿＿＿？

甲：我是二班的。

3.甲：你好！

乙：＿＿＿＿＿＿！

甲：你是短期班的吧？

乙：＿＿＿＿＿＿，你呢？

甲：＿＿＿＿＿＿。

乙：＿＿＿＿＿＿！

甲：我也很高兴！

三、请告诉我：

1.你是哪国人？
2.你学汉语多长时间了？在哪儿学的？
3.你是第一次来中国吗？

4.来中国以前你学了多长时间汉语?
5.以后你想做什么(工作)?
6.你现在住在哪儿?

四、根据下面的情景进行会话:

1.

到学校的第一天,你在宿舍第一次看见你的同屋……

2.

在晚会上,你和旁边的一位中国学生交谈起来.

补充词语

1. 法律　　(名)　fǎlǜ　　　　law
　　　　　　　　　　　　　　ほうりつ
　　　　　　　　　　　　　　法律

2. 律师　　(名)　lǜshī　　　 lawyer, attorney
　　　　　　　　　　　　　　べんごし
　　　　　　　　　　　　　　弁護士

3. 医生　　(名)　yīshēng　　 doctor
　　　　　　　　　　　　　　いしゃ
　　　　　　　　　　　　　　医者

4. 护士　　(名)　hùshì　　　 nurse
　　　　　　　　　　　　　　かんごふ
　　　　　　　　　　　　　　看護婦

5. 公司　　(名)　gōngsī　　　company, firm
　　　　　　　　　　　　　　かいしゃ
　　　　　　　　　　　　　　会社

6. 司机　　(名)　sījī　　　　driver
　　　　　　　　　　　　　　うんてんしゅ
　　　　　　　　　　　　　　運転手

7. 工人　　(名)　gōngrén　　 worker
　　　　　　　　　　　　　　ろうどうしゃ
　　　　　　　　　　　　　　労働者

8. 住　　　(动)　zhù　　　　 live, reside
　　　　　　　　　　　　　　す
　　　　　　　　　　　　　　住む

第 2 课　　咱们怎么去呢?

美智子: 露西, 我想去买点儿东西, 你去吗?
　　　　Lùxī, wǒ xiǎng qù mǎi diǎnr dōngxi, nǐ qù ma?

露　西: 去哪儿?
　　　　Qù nǎr?

美智子: 购物中心!
　　　　Gòuwù zhōngxīn!

露　西: 咱们怎么去呢?
　　　　Zánmen zěnme qù ne?

美智子: 坐公共汽车吧[①]!
　　　　Zuò gōnggòng qìchē ba!

露　西: 好的[②]! 你知道坐哪路车吗?
　　　　Hǎo de! Nǐ zhīdao zuò něi lù chē ma?

美智子: 不知道, 出门再问吧!
　　　　Bù zhīdào, chūmén zài wèn ba!
　　　　(在大街上, 问一过路人)
　　　　(Zài dàjiē shàng, wèn yí guò lù rén)

美智子: 请问, 去购物中心应该怎么坐车?
　　　　Qǐngwèn, qù Gòuwù zhōngxīn yīnggāi zěnme zuò chē?

过路人: 先坐338, 到火车站再换106就可以了。
　　　　Xiān zuò sān sān bā, dào huǒchēzhàn zài huàn yāo líng liù jiù kěyǐ le.

露　西: 338路车站在哪儿?
　　　　Sānsān bā lù chēzhàn zài nǎr?

过路人: 往前走, 右边儿那个站牌儿就是。
　　　　Wǎngqián zǒu, yòubiānr nèige zhànpáir jiùshì.
　　　　(车来了, 上车后)
　　　　(Chē lái le, shàngchē hòu)

售票员: 下一站蓝天公园, 没票的乘客请买票。

　　　　　Xià yí zhàn Lántiān Gōngyuán, méi piào de chéngkè qǐng
　　　　　mǎipiào.
美智子：劳驾③，我买两张票，到火车站的。
　　　　　Láojià, wǒ mǎi liǎng zhāng piào, dào huǒchēzhàn de.
售：　　哪儿上的?
　　　　　Nǎr shàng de?
美智子：刚上的。
　　　　　Gāng shàng de.
售：　　三毛一张。一共六毛。
　　　　　Sān máo yì zhāng. Yígòng liù máo.
美智子：给您钱。麻烦④您到站告诉我们一下儿好吗?
　　　　　Gěi nín qián. Máfan nín dàozhàn gàosù wǒmen yíxiàr hǎo
　　　　　ma?
售：　　好。给您票。
　　　　　Hǎo. Gěi nín piào.
　　　　　(汽车到了火车站)
　　　　　(Qìchē dàole huǒchēzhàn)
售：　　火车站到了。下车的乘客请打开票。你们两位这站下。
　　　　　Huǒchēzhàn dàole. Xiàchē de chéngkè qǐng dǎkāi piào.
　　　　　Nǐmen liǎng wèi zhèi zhàn xià.
露　西：谢谢。请问106路车站在哪儿?
　　　　　Xièxie. Qǐngwèn yāo líng liù lù chēzhàn zài nǎr?
售：　　下车往前走不远就是。
　　　　　Xià chē wàngqián zǒu bù yuǎn jiù shì.
　　　　　(坐106路电车到购物中心站下车后问一位老人)
　　　　　(Zuò yāolíngliù lù diànchē dào Gòuwù zhōngxīn zhàn xiàchē
　　　　　hòu wèn yí wèi lǎorén)
美智子：大爷，请问购物中心在哪儿?
　　　　　Dàye, qǐngwèn Gòuwù zhōngxīn zài nǎr?
老　人：对面那座大楼就是。

— 13 —

>
> Duìmiàn nèi zuò dàlóu jiùshì.
>
> (在购物中心里问一售货员)
>
> (Zài Gòuwù Zhōngxīn lǐ wèn yí shòuhuòyuán)

露　西： 请问哪儿卖鞋？
　　　　 Qǐng wèn nǎr mài xié?
售货员： 上二楼，往左一拐就是。
　　　　 Shàng èr lóu, wǎng zuǒ yì guǎi jiù shì.

Lesson 2　　How Should We Go?

Michiko: Lucy, I want to go and buy some things, do you want to go with me?
Lucy: Where to?
Michiko: The Shopping Center!
Lucy: How should we go?
Michiko: Let's take the bus!
Lucy: All right! Do you know which bus to take?
Michiko: I don't know. Let's go out and ask.
(On the street, they ask a passerby)
Michiko: Excuse me, which bus should we take to go to the Shopping Center?
Passerby: First take the 338 Bus to the train station stop, then change to the 106 Bus.
Lucy: Where is the 338 Bus stop?
Passerby: Go straight. It's that bus stop sign on the right.
(The bus arrives and they get on the bus)
Conductor: The next stop is Blue Sky Park, passengers without a ticket, please purchase one.
Michiko: Excuse me, I want to buy two tickets to the train station.
Conductor: Where did you get on?

Michiko: We just got on.
Conductor: It's three *mao* each and six *mao* altogether.
Michiko: Here's the money. Could we trouble you to let us know when we get to our stop?
Conductor: Sure. Here are the tickets.
      (The bus arrives at the train station)
Conductor: We have arrived at the train station. Passengers getting off please hold out your tickets. The two of you get off at this stop.
Lucy: Thank you. May I ask you where the 106 Bus stop is?
Conductor: After you get off the bus, go straight. It's not far from here.
      (After getting off the 106 Bus at the Shopping Center, they ask an old man)
Michiko: Sir, where is the Shopping Center?
Old man: It's that large building across from here.
      (Inside the Shopping Center, they ask a salesperson)
Lucy: Where do you sell shoes?
Salesperson: Go to the second floor, turn left, and it's right there.

第2課　どうやって行くの？

美智子：ルーシー、買い物に行くんだけど、あなたも行く？
ルーシー：どこまで行くの？
美：ショッピングセンターよ。
ル：どうやって行くの？
美：バスに乗って行きましょう。
ル：いいわ。何番のバスに乗るか知ってる？
美：知らない。外で人に聞きましょう。
　　（道で通行人に尋ねる）

美： ちょっとお尋ねしますが、ショッピングセンターへはどう行ったらいいですか？
通行人：まず338番に乗って、駅で106番に乗り換えればいいですよ。
ル： 338番のバス停はどこですか？
通： このまま真っすぐ行って右側のあの標識がそうですよ。
　　　（バスが来る。乗車した後）
車掌：次は藍天公園です。まだキップをお求めになっていない方はお求め下さい。
美： 駅まで2枚下さい。
車： どこからお乗りになりました？
美： 今乗ったところです。
車： 一枚3角、合わせて6角になります。
美： はい、お金です。お手数ですが、着いたら声をかけていただけますか？
車： いいですよ。キップをどうぞ。
　　　（駅に到着する）
車： 駅です。お降りの方はキップを開けてお見せ下さい。あなた方はここで降りるんですよ。
ル： ありがとうございました。すみません、106番のバス停はどこですか？
車： 降りたら真っすぐ行ってすぐですよ。
　　　（106番のトロリーバスに乗ってショッピングセンターで降りた後、一人の老人に尋ねる）
美： おじいさん、ショッピングセンターはどこですか？
老人：向かい側のあの建物だよ。
　　　（ショッピングセンターで、店員に尋ねる）
ル： 靴売り場はどこですか？
店員：2階に上がって左に曲がった所です。

词　语

1. 咱们　　（代）　　zánmen　　　　we
　　　　　　　　　　　　　　　　私達、われわれ

2. 路　　　（量）　　lù　　　　　　a measure word for a bus line
　　　　　　　　　　　　　　　　路線、…番（のバス）

3. 过路人　（名）　　guòlùrén　　　passerby
　　　　　　　　　　　　　　　　通行人

4. 换(车)　（动）　　huàn（chē）　change (buses)
　　　　　　　　　　　　　　　　乗り換える

5. 火车站　（名）　　huǒchēzhàn　railway station
　　　　　　　　　　　　　　　　駅

6. (汽)车站（名）　　(qì)chēzhàn　bus stop
　　　　　　　　　　　　　　　　バス停

7. 往　　　（介）　　wǎng　　　　 towards, in the direction of
　　　　　　　　　　　　　　　　～に向かって

8. 右　　　（名）　　yòu　　　　　right
　　　　　　　　　　　　　　　　右

9. (站)牌儿（名）　　(zhàn)páir　（bus stop) sign
　　　　　　　　　　　　　　　　（バス停の）標識、看板

10. 售票员　（名）　　shòupiàoyuán　ticket salesperson, conductor
　　　　　　　　　　　　　　　　切符売り、（バスの）車掌

11. 下(一站)　　　　　xià（yízhàn）next (the next stop)
　　　　　　　　　　　　　　　　次（のバス停）

12. 刚　　　（副）　　gāng　　　　 just, just a moment ago
　　　　　　　　　　　　　　　　たった今、今しがた

13. 一共　　（副）　　yígòng　　　 altogether
　　　　　　　　　　　　　　　　合わせて

14. 麻烦　　（动）　　máfan　　　　bother, trouble (sb.)
　　　　　　　　　　　　　　　　お手数ですが…

—17—

15.	乘客	(名)	chéngkè	passengers
				乗客
16.	打开	(动)	dǎkāi	hold out
				開く、開ける
17.	对面	(名)	duìmiàn	opposite, across
				向かい側
18.	座	(量)	zuò	a measure word for buildings, mountains, etc.
				ビル、山、橋等大きくて動かせないものを数える
19.	左	(名)	zuǒ	left
				左
20.	拐	(动)	guǎi	turn (a corner)
				曲がる

专 名

1.	购物中心	Gòuwù Zhōngxīn	the Shopping Center
			ショッピングセンター
2.	蓝天公园	Lántiān Gōngyuán	Blue Sky Park
			藍天公園

注 释

① 坐公共汽车吧!
"吧"在这里有商量的语气。

② 好的!
应答语。表示同意对方的意见或要求。意思与"好"相同。

③ 劳驾

请求帮助或麻烦别人时的礼貌用语。有时和"请"之类的礼貌用语连用。如"劳驾，我买张票。""劳驾，请让我过去。""劳驾，请帮我拿一下。"

④ 麻烦您到站告诉我们一下儿。

请人帮忙时的礼貌用语。

英语注释

① 坐公共汽车吧!

Here 吧 gives the sentence a tone of consultation.

② 好的!

"好的!" expresses agreement with another's opinion or demand. The meaning is the same as 好.

③ 劳驾

劳驾 is a polite expression used when asking for help or when disturbing people. It is sometimes used in conjunction with other polite expressions like 请. For example: 劳驾，我买张票. (Excuse me, I'd like to buy a ticket.) 劳驾，请帮我拿一下. (Excuse me, would you help me carry this a moment?)

④ 麻烦您到站告诉我们一下儿。

麻烦您 is a polite expression used when requesting assistance.

日语注释

①坐公共汽车吧

ここでの"吧"は相談の語気をもつ。

②好的!

応答語。相手の意見や要求に対する同意を表す。"好"と同じ意味である。

③劳驾

人に手助けを求めたり、面倒をかけたりするときに用いる丁寧語。"请"などの丁寧語と連用することもある。例："劳驾，我买张票。""劳驾，请让我过去。""劳驾，请帮我拿一下。"

④麻烦您到站告诉我们一下儿。

"麻烦您"は、人に手助けしてもらうときの丁寧語。

练 习

一、用指定词语或句式设计对话：

1. 劳驾

   甲：_____。

   乙：_____。

2. 麻烦您（你）

   甲：_____。

   乙：_____。

3. 往……+V。

   甲：_____。

   乙：_____。

4. 先……再……

   甲：_____。

   乙：_____。

二、你知道吗？

1. 要去一个地方，不知道怎么走，应该怎么问？
2. 要去一个地方，不知道坐哪路车，应该怎么问？
3. 要买车票时你应该怎么说？售票员常常怎么说？
4. 不知道应该在哪儿下车，应该怎么问别人？

请售票员帮助时应该怎么说?
  5.表示方向的词有哪些?
三、看图对话：甲问乙，应该怎么去黑框所示的地点？

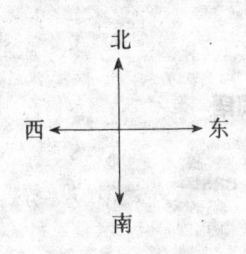

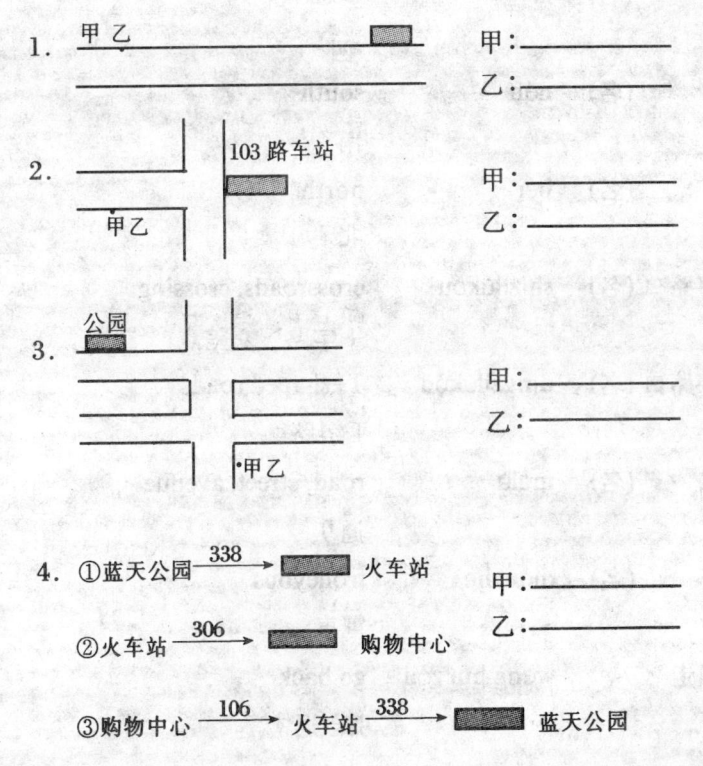

```
        北
         ↑
   西 ←——+——→ 东
         ↓
        南
```

1. 甲乙 ————————— ■ ———————

   甲：_____
   乙：_____

2.   103路车站
              ■
   ——————————————————
       甲乙

   甲：_____
   乙：_____

3. 公园
   ■ ————————————————

                 ·甲乙

   甲：_____
   乙：_____

4. ① 蓝天公园 —338→ ■ 火车站

   ② 火车站 —306→ ■ 购物中心

   ③ 购物中心 —106→ 火车站 —338→ ■ 蓝天公园

   甲：_____
   乙：_____

— 21 —

四、根据下列情景进行对话:

1. 告诉一个新认识的朋友怎么找你的房间。
2. 和同屋谈怎么坐车去火车站。
3. 你和一位朋友准备去一个公园，先问路、再等车、上车、买车票、下车、买门票……

补充词语

1. 东　　　　（名）　dōng　　　　east
　　　　　　　　　　　　　　　東

2. 西　　　　（名）　xī　　　　　west
　　　　　　　　　　　　　　　西

3. 南　　　　（名）　nán　　　　south
　　　　　　　　　　　　　　　南

4. 北　　　　（名）　běi　　　　north
　　　　　　　　　　　　　　　北

5. 十字路口　（名）　shízìlùkǒu　crossroads, crossing
　　　　　　　　　　　　　　　十字路、交差点

6. 丁字路口　（名）　dīngzìlùkǒu　T-shaped roads
　　　　　　　　　　　　　　　丁字路

7. 马路　　　（名）　mǎlù　　　road, street, avenue
　　　　　　　　　　　　　　　通り

8. 电车　　　（名）　diànchē　　trolleybus
　　　　　　　　　　　　　　　電車

9. 往回走　　　　　　wǎng huí zǒu　go back
　　　　　　　　　　　　　　　引き返す

第3课　　您想买什么？

(一)在百货商店
(Zài bǎihuò shāngdiàn)

售货员：您好！您想买什么①？
Nínhǎo! Nín xiǎng mǎi shénme?

露　西：我想买件毛衣。(指一件绿色的毛衣)
Wǒ xiǎng mǎi jiàn máoyī. (Zhǐ yí jiàn lǜsè de máoyī)
请问这种毛衣还有别的颜色的吗？
Qǐng wèn zhè zhǒng máoyī hái yǒu bié de yánsè de ma?

售：　有红的、黄的、蓝的，还有白的。
Yǒu hóng de、huáng de、lán de, hái yǒu bái de.

露　西：我要一件白色的。
Wǒ yào yí jiàn bái sè de.

售：　您要多大的？
Nín yào duō dà de?

露　西：大号儿的。(售货员拿来一件) 可以试吗？
Dà hàor de. (Shòuhuòyuán nálái yí jiàn) Kěyǐ shì ma?

售：　可以。
Kěyǐ.

露　西：(试后回来) 有点儿肥②，也长了一点儿。
(Shì hòu huí lái) Yǒu diǎnr féi, yě cháng le yìdiǎnr.
有瘦一点儿，短一点儿③的吗？
Yǒu shòu yì diǎnr、duǎn yì diǎnr de ma?

售：　您看这件怎么样④？
Nín kàn zhèi jiàn zěnmeyàng?

露　西：我再去试一试。(试后) 挺合适的⑤。就买它了！给您钱。
Wǒ zài qù shì yí shì. (shì hòu) Tǐng héshì de. Jiù mǎi tā le! Gěi nín qián.

售：　给您毛衣。欢迎您再来！

— 23 —

　　　　　Gěi nín máoyī. Huānyíng nín zài lái!
露　西：谢谢！
　　　　　Xièxie.

　　　　　　　　　（二）在茶叶店
　　　　　　　　　（Zài cháyè diàn）

售：　　你好！你买点儿什么茶？
　　　　　Nǐ hǎo! Nǐ mǎi diǎnr shénme chá?
英　夫：我想买点儿绿茶。请问哪种好？
　　　　　Wǒ xiǎng mǎi diǎnr lǜchá. Qǐngwèn něizhǒng hǎo?
售：　　这种。
　　　　　Zhèi zhǒng.
英　夫：多少钱一斤？
　　　　　Duōshao qián yì jīn?
售：　　九十块。你要多少？
　　　　　Jiǔshí kuài. Nǐ yào duōshao?
英　夫：二两。
　　　　　Èr liǎng.
售：　　（包好茶叶）给您。一共十八块。（英夫交钱）这是二十块，找你两块[6]。欢迎您下次再来！
　　　　　(Bāo hǎo cháyè) Gěi nín. Yīgòng shíbā kuài. (Yīngfū jiāo qián) Zhè shì èrshí kuài, zhǎo nǐ liǎng kuài. Huānyíng nín xià cì zài lái!
英　夫：好的，谢谢！
　　　　　Hǎo de, xièxie!

　　　Lesson 3   What Would You Like to Purchase?

　　　　　　　(1) At the Department Store
Salesperson: Hello! What would you like to purchase?

Lucy:	I want to buy a sweater. (She points at a green sweater) Do you also have this kind of sweater in other colors?
Salesperson:	We have red, yellow, blue, and also white.
Lucy:	I want a white one.
Salesperson:	What size do you want?
Lucy:	A large one. (Salesperson brings one) May I try it on?
Salesperson:	Yes, you may.
Lucy:	(Comes back after trying it on) It's a bit loose and also a bit long. Do you have a tighter and shorter one?
Salesperson:	What do you think about this one?
Lucy:	I'll go and try it on again.(After trying it on) It fits pretty well. I'll buy it! Here's the money.
Salesperson:	Here's the sweater. Please come again!
Lucy:	Thank you.

(2) At the Tea Store

Salesperson:	Hello! What kind of tea would you like to purchase?
Hideo:	I want to buy some green tea. Please tell me which kind is good.
Salesperson:	This kind.
Hideo:	How much per *jin*?
Salesperson:	Ninety Yuan. How much do you want?
Hideo:	Two *liang*.
Salesperson:	(Finishes wrapping the tea) Here you go. It's 18 yuan altogether. (Hideo gives the money.) This is 20 yuan and two yuan is your change. Please come again!
Hideo:	Sure, thank you!

第3課　何をお求めですか？

　　（一）デパートにて
店員：いらっしゃいませ。何をお求めですか？
ルー：セーターが欲しいんですが。（緑色のセーターを指差す）このセーター、他の色のもありますか。
店：　赤、黄、青、白がございますが。
ル：　白のを下さい。
店：　大きさは？
ル：　Lサイズのを。（店員が一枚持って来る）試着できますか？
店：　いいですよ。
ル：　（試着後戻ってきて）少しだぶだぶでたけも長いんですが、もう少し小さくて短めのはありますか？
店：　Mサイズのはいかがです？
ル：　もう一度試着してみます。（試着後）ぴったりでした。これにします。お金です。
店：　セーターをどうぞ。またお越し下さい。
ル：　ありがとう。

　　（二）お茶屋さんで
店：　いらっしゃいませ。どのようなお茶をお求めですか？
英夫：緑茶が欲しいんですが、どれがいいですかね？
店：　これなんかいいですよ。
英：　一斤いくらですか？
店：　90元になります。どれだけいりますか？
英：　2両下さい。
店：　（お茶の葉を包装して）はい、どうぞ。全部で18元になります。（英夫が支払う）20元ですね、2元のお返しです。またいらして下さい。
英：　はい、ありがとう。

— 26 —

词 语

1. 百货商店 (名) bǎihuò shāngdiàn　department store
デパート、マーケット
2. 售货员 (名) shòuhuòyuán　salesperson
店員
3. 毛衣 (名) máoyī　sweater
セーター
4. 绿色 (名) lǜsè　green
緑
5. 颜色 (名) yánsè　color
色
6. 红 (形) hóng　red
赤
7. 黄 (形) huáng　yellow
黄
8. 蓝 (形) lán　blue
青
9. 大号儿 (名) dàhàor　large (clothing size)
Lサイズ（衣服）
10. 试 (动) shì　try, try on
試す、試着する
11. 肥 (形) féi　large, loose
ゆったりしている、だぶだぶである
12. 长 (形) cháng　long
長い
13. 瘦 (形) shòu　tight (clothing), thin (person)
小さい、窮屈である
14. 短 (形) duǎn　short
短い、短め

— 27 —

15. 挺	(副)	tǐng	quite, very 大変、とても
16. 合适	(形)	héshì	appropriate, fitting ぴったり合う
17. 欢迎	(动)	huānyíng	welcome いらっしゃいませ、(また)お越し下さい
18. (一)块(钱)	(量)	(yí)kuài(qián)	(one) yuan—basic unit of money in China （1）元
19. 找(钱)	(动)	zhǎo(qián)	give change つり銭を出す、(金の)お返し
20. 茶叶	(名)	cháyè	tea (tea leaves) お茶の葉
21. 下次		xiàcì	next time, later 次回

注　释

① 你想买什么?

售货员常问顾客的话。类似的还有"你想买点儿什么?""你要买什么?"顾客可回答"我先随便看看",或说明要什么。

② 有点儿肥

"有点儿"后接形容词或动词,表示程度不高。也可说"有一点儿"。后面的词一般带有不如意、不舒服的意味。如"有点儿累"、"有点儿渴"、"有点儿想家"等。

③ 有瘦一点儿、短一点儿的吗?

"一点儿"用在形容词后,表示比原来稍微有差别。注意不能说成"一点儿瘦","一点儿短"。

④ 你看怎么样?

征求别人意见和看法时，常常用"你觉得…怎么样"、"你看…怎么样"、"你说…怎么样"、"你认为…怎么样"。回答时可相应地说"我觉得…"、"我看…"、"我说…"、我认为…"。其中"我认为…"是比较正式的说法。

⑤ 挺合适的

"挺…的"中间加形容词或动词短语，意思是"很…"，表示程度较高。中语常用。

⑥ 找你两块

意思是"找给你（您）两块钱"。

英语注释

① 你想买什么？

This is a question salespeople often ask customers. It may be phrased differently, like"你想买点儿什么？"or "你要买什么？".The customer can reply 我先随便看看(I'm just looking) or explain what he wants.

② 有点儿肥

有点儿 followed by an adjective or verb indicates the extent is not great, roughly comparable to the English "a little bit." It is usually used to indicate less than ideal or less than comfortable conditions, for example: 有点儿累 (I am a little bit tired), 有点渴 (I am a bit thirsty), or 有点想家 (I'm a little homesick).

③ 有瘦一点儿短一点儿的吗？

一点儿 used after an adjective as 瘦一点儿，短一点儿 means tighter and shorter than the original. Note that this cannot be phrased 一点儿瘦，一点儿短。

④ 您看……怎么样？

When seeking another's opinion or viewpoint, 你觉得…怎样，

你看…怎样，你说…怎么样，你认为…怎儿样 (How do you feel about… / what do you think about…) are often used. When answering back, one can say 我觉得…，我看…，我说…，我认为…. Of these, 我认为… is the more formal way of speaking.

⑤ 挺合适的

挺…的 with an adjectival or verbal phrase inserted in between means "very".

⑥ 找你两块

找你两块 means 找给你(您)两块钱 (Here's your two-yuan change).

日 语 注 释

①你想买什么?

店員がお客によくそのように聞く。類似した言いまわしに"你想买点儿什么?""你要买什么?"がある。客は"我先随便看看"(先に自由に見てみます)と答えてもいいし、何が欲しいのかを説明してもよい。

②有点儿肥

"有点儿"の後に形容詞か動詞をつけて、程度が高くないことを示す。"有一点儿"としてもよい。一般に"思い通りにならない""具合が悪い"といった意味の単語は後ろにこない。

③有瘦一点儿、短一点儿的吗?

"一点儿"は形容詞の後につけて、元よりもやや～である、ということを表す。"一点儿瘦""一点儿短"とは言えないので注意する。

④你看…怎么样?

他の人の意見や見方を求めるとき、"你觉得怎么样""你看…怎么样"、"你说…怎么样"、"你认为…怎么样"をよく用いる。答

えはそれに呼応して"我觉得…""我看…""我说…","我认为…"と言う。このうち"我认为…"が比較的正式な答え方である。
⑤挺合适的
　"挺……的"の中に形容詞か動詞フレーズを入れる。意味は"很…"と同じで程度が高いことを表す。口語で使われることが多い。
⑥找你两块
　"二元あなたにつり銭をあげます"の意。

练　习

一、用指定的词语或句式完成对话:
　1.有……,(有……)还有……
　　①甲: 请问这种毛衣有哪些颜色的?
　　　乙: ＿＿＿＿＿＿＿＿＿＿。
　　②甲: 北大附近有哪些汽车站?
　　　乙: ＿＿＿＿＿＿＿＿＿＿。
　　③甲: 你家里都有什么人?
　　　乙: ＿＿＿＿＿＿＿＿＿＿。
　2.多+adj（形）
　　①甲: ＿＿＿＿＿＿＿＿＿＿?
　　　乙: 我买小号儿的。
　　②甲: ＿＿＿＿＿＿＿＿＿＿?
　　　乙: 三年了。
　　③甲: ＿＿＿＿＿＿＿＿＿＿?
　　　乙: 50公斤。
　3.挺……(的)
　　①甲: 这件衣服怎么样?
　　　乙: ＿＿＿＿＿＿＿＿＿＿。
　　②甲: 学汉语难不难?

乙：_____。

　　③甲：购物中心远吗？

　　　乙：_____。

4.有点儿

　　①甲：这件衣服合适吗？

　　　乙：_____。

　　②甲：看了一小时书，你累不累？

　　　乙：_____。

　　③甲：你昨天怎么没来上课？

　　　乙：_____。

5.一点儿

　　①甲：这两件衣服一样大吗？

　　　乙：_____。

　　②甲：你听懂我说的话了吗？

　　　乙：_____。

　　③甲：你会说法语吗？

　　　乙：_____。

二、你知道吗？

　　1.看见有人来买东西，售货员常说什么？

　　2.你想买一个东西时，应该怎么对售货员说？

　　3.不知道东西的价格时应该怎么问？

　　4.售货员找钱时常常怎么说？

　　5.卖完东西后，售货员常说什么？你应该说什么？

三、读出下列钱数：

　　￥1.00　￥12.00　￥0.05　￥450.00　￥1000.00

　　￥1.20　￥68.40　￥23.56　￥98.08　￥100.10

　　￥206.80　￥1020.88　￥5079.33　￥0.11

四、根据表格中的提示，用下列句式进行对话：

　　　　我（要）买……　　　　给您……（钱）

　　　　多少钱一（量词)?　　　找您……（钱）

物品名称	你希望的颜色、大小等	价格	评价(选用)	你给的钱数	应找的钱数
毛巾	蓝色	3.20元	大　小	4.00元	
衬衣	白色 中号儿	36.00元	长　短	40.00元	
布鞋	黑色 37号儿	8.60元	肥　瘦 贵　便宜	50.00元	
英汉词典		11.40元	合　适	100.00元	
录音机		486.00元	有点儿 一点儿 挺　很	500.00元	

五、想一想，说一说：

1、你去过中国哪些商店？买过什么东西？

2、你觉得在中国商店买东西和在你们国家买东西有什么不同？

补充词语

1. 布鞋　(名)　bùxié　　clothshoes
   布靴

2. 帽子　(名)　màozi　　hat, cap
   帽子

3. 衬衣　(名)　chènyī　　shirt, underclothes
   シャツ、下着

4. 裤子　(名)　kùzi　　trousers, pants
   ズボン

5. 录音机 (名)　lùyīnjī　　tape recorder
   録音機

6. 磁带　(名)　cídài　　tape
   テープ

7. 黑　　(形)　hēi　　black
   黒い

第4课　　我上邮局

大　卫：英夫，上哪儿去?
　　　　Yīngfū, shàng nǎr qù?
英　夫：我上邮局。
　　　　Wǒ shàng yóujú.
大　卫：等我一下儿①，我也去。
　　　　Děng wǒ yí xiàr, wǒ yě qù.
　　　　(在邮局，大卫在买邮票)
　　　　(Zài yóujú, Dàwèi zài mǎi yóupiào)
大　卫：我买五张两块的、五张两毛的邮票。
　　　　Wǒ mǎi wǔ zhāng liǎng kuài de、wǔ zhāng liǎng máo de yóupiào.
营业员：对不起，两毛的现在没有了，我给你十张一毛的行吗②?
　　　　Duìbuqǐ, liǎng máo de xiànzài méiyǒu le, wǒ gěi nǐ shí zhāng yì máo de xíng ma?
大　卫：行，没关系。
　　　　Xíng, méi guānxi
营：　　给您，两块的五张，一毛的十张。
　　　　Gěi nín, liǎng kuài de wǔ zhāng, yì máo de shí zhāng.
大　卫：您知道哪儿卖航空信封吗?
　　　　Nín zhīdao nǎr mài hángkōng xìnfēng ma?
营：　　这儿就卖。五分一个。
　　　　Zhèr jiù mài. Wǔ fēn yí gè.
大　卫：那③我再买十个信封。给您五毛。
　　　　Nà wǒ zài mǎi shí gè xìnfēng. Gěi nín wǔ máo.
　　　　(英夫在寄信)
　　　　(Yīng fū zài jì xìn)
英　夫：劳驾，我寄两封信，一封寄到日本，一封寄到西安，得贴多少钱的邮票?

Láojià, wǒ jì liǎng fēng xìn, yì fēng jì dào Rìběn, yì fēng jì dào Xī'ān, děi tiē duōshao qián de yóupiào?

营： 西安的是平信还是挂号信?
Xī'ān de shì píngxìn háishi guàhàoxìn?

英夫： 平信。
Píngxìn.

营： 平信两毛。日本的两块。一共两块二。
Píngxìn liǎng máo. Rìběn de liǎng kuài. Yígòng liǎng kuài èr.

英夫： 给您三块。
Gěi nín sān kuài.

营： 找您八毛。这是您的邮票。
Zhǎo nín bā máo. Zhè shi nín de yóupiào.

英夫： 谢谢!
Xiè xie!

（两人在回宿舍的路上遇见了露西）
(Liǎng rén zài huí sùshè de lùshang yùjiàn le Lùxī.)

大卫： 嗨，露西，上哪儿去，这么着急?
Hāi, Lùxī, shàng nǎr qù, zhème zháojí?

露西： 啊，是你们。我去银行换点儿钱。你们知道银行几点关门吗?
À, shì nǐmen. Wǒ qù yínháng huàn diǎnr qián. Nǐmen zhīdao yínháng jǐ diǎn guānmén ma?

英夫： 别急，五点半才关呢!
Bié jí, wǔ diǎn bàn cái guān ne!

露西： 哦④。
Ò.

大卫： 今天美元和人民币的比价是多少?
Jīntiān Měiyuán hé Rénmínbì de bǐjià shì duōshao?

露西： 前几天是1比8.72，我想不会有太大变化吧。等明天上课时我就能告诉你了。

— 35 —

　　　　　　Qián jǐ tiān shì yī bǐ bā diǎnr qī èr， wǒ xiǎng bú huì yǒu tài
　　　　　　dà biànhuà ba. Děng míngtiān shàngkè shí wǒ jiù néng gào
　　　　　　su nǐ le.
大　卫： 好的，那明天见！
　　　　　　Hǎo de， nà míngtiān jiàn!
露　西： 明天见！
　　　　　　Míngtiān jiàn!
英　夫： 明天见！
　　　　　　Míngtiān jiàn!

Lesson 4   I'm Going to the Post Office

David: Hideo， where are you going?
Hideo: I'm going to the post office.
David: Wait a little bit for me. I'm going too.
　　　　　(At the post office， David buys stamps)
David: I want to buy five two-yuan stamps and five two-*mao* stamps.
Postal worker: Sorry， two-*mao* ones are all sold out now. Is it okay if I give you ten one-*mao* stamps?
David: Okay， it doesn't matter.
Postal worker: Here are five two-yuan stamps and ten one-*mao* stamps.
David: Do you know where the air mail envelopes are sold?
Postal worker: Right here. They are five *fen* each.
David: Then I'll buy ten envelopes. Here's five *mao*.
　　　　　(Hideo is mailing a letter)
Hideo: Excuse me， I want to mail two letters; one to Japan and one to Xi'an. How much stamps should I paste?
Postal worker: Is the Xi'an one regular mail or registered mail?

Hideo: Regular mail.
Postal worker: Regular mail is two *mao*. Japan one is two yuan. It's two yuan two *mao* altogether.
Hideo: Here's three yuan.
Postal worker: Eight *mao* is your change. Here are your stamps.
Hideo: Thank you.
(On their way back to the dormitory, they meet Lucy.)
David: Hey, Lucy, where are you going to in such a hurry?
Lucy: Oh, it's you two. I'm going to the bank to change some money. Do you know what time the bank closes?
Hideo: Don't worry, it doesn't close until 5:30 p.m.!
Lucy: Oh, I see.
David: What is the exchange rate between American dollars and Renminbi today?
Lucy: A few days ago, it was one to 8.72. I don't think it has changed too much. Wait until tomorrow and I'll be able to tell you before class.
David: All right. Then I'll see you tomorrow!
Lucy: See you tomorrow!
Hideo: See you tomorrow!

第4課　郵便局へ行く

(一)

デーヴィッド：英夫、どこに行くの？
英夫：郵便局。
デ：ちょっと待って、僕も行くよ。
　　(郵便局にて、デーヴィッドが切手を買っている)
デ：2元のを5枚と2角のを5枚下さい。
局員：申し訳ありません、2角のは今売り切れてしまったんですが、

一角のを10枚でもいいでしょうか？
デ： はい、構いません。
局： 2元のが5枚と1角のが10枚です。どうぞ。
デ： エアメール用封筒はどこで売ってますか？
局： ここですよ。1枚5分になります。
デ： では封筒も10枚下さい。5角です。
　　（英夫が手紙を出している）
英： すみません、手紙を2通出したいんですが。日本へと西安へはいくらの切手を貼ったらいいですか？
局： 西安へは普通郵便ですか、書留ですか？
英： 普通郵便です。
局： 普通郵便は2角です。日本へは2元で、合わせて2元と2角になります。
英： 3元です。
局： 8角のお返しです。こちら切手になります。
英： ありがとう。

（二）

　　（宿舎へ帰る途中2人はルーシーに会う）
デ－： おい、ルーシー、そんなにいそいでどこに行くの？
ル： あら、あなた達なの。銀行へ両替に行くところよ。銀行って何時で閉まるか知ってる？
英： 急ぐことないよ、5時半まで開いてるから。
デ： 今日のドル対人民元のレートはいくら？
ル： 何日か前は1ドル8.72元で、今もそんなには変わっていないと思うけど。明日の授業の時に教えてあげるわ。
デ： 分かった。じゃあ明日ね。
ル： さようなら。
英夫：さようなら。

词 语

1. 上　　（动）　shàng　　go to (a place)
　　　　　　　　　　　　行く
2. 邮局　（名）　yóujú　　post office
　　　　　　　　　　　　郵便局
3. 邮票　（名）　yóupiào　postage stamp
　　　　　　　　　　　　切手
4. 行　　　　　　xíng　　okay, all right
　　　　　　　　　　　　よろしい
5. 没关系　　　　méi guānxi　It doesn't matter.
　　　　　　　　　　　　構わない、大丈夫
6. 航空　（名）　hángkōng　airmail
　　　　　　　　　　　　航空便
7. 信封　（名）　xìnfēng　envelope
　　　　　　　　　　　　封筒
8. 寄　　（动）　jì　　　mail
　　　　　　　　　　　　（郵便で）届ける
9. 封　　（量）　fēng　　a measure word for letters
　　　　　　　　　　　　手紙など封をしたものを数える
10. 得　　（助动）　děi　must, have to
　　　　　　　　　　　　～しなくてはならない
11. 贴　　（动）　tiē　　stick, paste
　　　　　　　　　　　　はる
12. 平信　（名）　píngxìn　ordinary mail, surface mail
　　　　　　　　　　　　普通郵便
13. 挂号信（名）　guàhàoxìn　registered mail
　　　　　　　　　　　　書留郵便
14. 宿舍　（名）　sùshè　dormitory, dorm room
　　　　　　　　　　　　宿舎

15.	银行	(名)	yínháng	bank
				銀行
16.	美元	(名)	Měiyuán	American dollar
				米ドル
17.	人民币	(名)	Rénmínbì	people's currency, Reminbi
				人民元
18.	比价	(名)	bǐjià	exchange rate
				兑换相場、レート
19.	比	(动)	bǐ	(used in a ratio) ...to...
				～対～、比率を示す

专　名

西安　　　　　Xī'ān　　　　　Xi'an
　　　　　　　　　　　　　　　西安

注　释

① 等我一下儿

"下儿"是常用量词，"一下儿"用在动词后边，有动作短促、随便等意思。

② …行吗？

用在问句的末尾，征求对方意见时用。也可以说"可以吗？""好吗？""行不行？"

③ 那我再买十个信封

"那"用在句首，承接上文，根据上文的意思引出后边的结果或意见。意思相当于"那么"。

④ 哦

表示"我明白了"的意思。

英语注释

① 等我一下儿

下儿 is a very useful measure word. When used after a verb it suggests that the action is casual, informal or only lasting for a short time.

② …行吗?

行吗 is used at the end of a sentence to solicit an opinion. Its meaning and usage are the same as 可以吗，好吗 and 行不行, all of which mean "okay?" or "…alright?".

③ 那我再买十个信封

那 is used at the beginning of a sentence. It is semantically linked to the preceding sentence, leading from the meaning of the preceding sentence to the following result or opinion. Its meaning and usage are the same as 那么.

④ 哦

It express the sense of "oh", "now I get it".

日 语 注 释

①等我一下儿

"一下儿"は動詞の後ろに用いて一度行うこと、或いは試してみることを表す。

②…行吗?

文末につけて、相手の意見を求めるときに用いる。"可以吗?""好吗?""行不行?"ともいえる。

③那我再买十个信封

"那"は文頭に用いられ、前文をうけ、前文の意味より後ろの結果や意見を引き出す。"那么"とほぼ同じ意味である。
④哦
　"わかった"という意味。

练　习

一、用指定短语完成对话：
　1.上……（去）
　　①甲：你上哪儿去？
　　　乙：＿＿＿＿＿＿＿＿＿＿＿＿＿。
　　②甲：刚才你去哪儿了？
　　　乙：＿＿＿＿＿＿＿＿＿＿＿＿＿。
　　③甲：听说你明天去旅行，你要去哪儿？
　　　乙：＿＿＿＿＿＿＿＿＿＿＿＿＿。
　2.得（děi）
　　①甲：寄平信要贴多少钱的邮票？
　　　乙：＿＿＿＿＿＿＿＿＿＿＿＿＿。
　　②甲：＿＿＿＿＿＿＿＿＿＿＿＿＿？
　　　乙：三个小时。
　　③甲：＿＿＿＿＿＿＿＿＿＿＿＿＿。
　　　乙：＿＿＿＿＿＿＿＿＿＿＿＿＿。
　3.没关系
　　①甲：对不起，我忘了你的名字。
　　　乙：＿＿＿＿＿＿＿＿＿＿＿＿＿。
　　②甲：＿＿＿＿＿＿＿＿＿＿＿＿＿。
　　　乙：＿＿＿＿＿＿＿＿＿＿＿＿＿。
　4.那……
　　①甲：对不起，白色的毛衣卖完了。

乙：_____。

　②甲：这儿也卖邮票。

　　乙：_____。

　③甲：小王可能不来了。

　　乙：_____。

5.行吗?

　①甲：_____。

　　乙：行，我和你一块儿去。

　②甲：_____。

　　乙：对不起，内衣不能试。

　③甲：_____。

　　乙：不行啊，我现在没空儿。

二、参考规定的情景，用指示词语完成对话：

1.甲：_____?（问哪儿卖邮票）

　乙：这儿就卖。

　甲：_____。（买两张两块的，五张两毛的）。

　乙：_____。（一共）。

　甲：给您十块。

　乙：_____。（找），这是您的邮票。

2.甲：_____。（寄一封信）。

　乙：平信还是挂号?

　甲：挂号。_____。（问贴多少钱的邮票）?

　乙：_____。（0.50元）。

3.甲：你上哪儿去?

　乙：_____（银行，换钱）。

　甲：_____(问美元牌价)?

　乙：_____（1∶8.72）

---- 43 ----

三、根据卡片中的内容设计对话：

1. 小　张

| 买 5 张邮票 |
| 0.20 元一张 |

小　张：_____
营业员：_____
小　张：_____
营业员：_____

2. 小　王

| 给日本朋友寄信 |
| 应贴 2.00 元邮票 |

小　王：_____
营业员：_____
小　王：_____
营业员：_____

3. 小　李

| 买 5 个信封 |
| 0.05 元一个 |

小　李：_____
营业员：_____
小　李：_____
营业员：_____

4. 小　赵

| 给在西安的哥哥寄信 |
| 挂号信　0.50 元邮票 |

小　赵：_____
营业员：_____
小　赵：_____
营业员：_____

四、请告诉我：

1. 你常上哪儿寄信？
2. 从你的宿舍到邮局怎么走？
3. 在中国寄平信、挂号信都贴多少钱的邮票？
4. 你去兑换过外币吗？上哪儿兑换？
5. 现在美元和人民币的比价是多少？
6. 中国人写信封的格式跟你们国家的一样吗？

```
┌─────────────────────────────────────────────┬─────────┐
│ 100871                                      │ 贴       │
│                                             │ 邮       │
│     北京市海淀区北京大学中文系                │ 票       │
│                                             │ 处       │
│          王  丽   老师 收                    │         │
│                                             └─────────┤
│      天津大学 549 信箱  300072                         │
└────────────────────────────────────────────────────────┘

### 补充词语

1. 包裹　（名）　bāoguǒ　　　　parcel
   小包み

2. 信箱　（名）　xìnxiāng　　　mailbox，letter box
   郵便ポスト

3. 邮政　（名）　yóuzhèng　　　postcode
   编码　　　　biānmǎ　　　　 郵便番号

4. 收信人（名）　shōu xìn rén　recipient，addressee
   （手紙の）受け取り人

5. 兑换　（动）　duìhuàn　　　 exchange
   両替えする

6. 牌价　（名）　páijià　　　　list price
   公定価格
```

— 45 —

第 5 课　　喂，是北大吗？

　　　　　　(露西在公用电话亭里)
　　　　　　(Lùxī zài gōngyòng diànhuàtíng li)

露　西：喂①，是北大吗②？
　　　　Wéi, shì Běi–Dà ma?
接线员：对，我是北大③。你要哪儿？
　　　　Duì, wǒ shì Běi–Dà. Nǐ yào nǎr?
露　西：请转留学生 3 号楼。
　　　　Qǐng zhuǎn liúxuéshēng sān hào lóu.
服务员：喂？
　　　　Wéi?
露　西：是 3 号楼吗？
　　　　Shì sān hào lóu ma?
服：　　对。您找谁？
　　　　Duì. Nín zhǎo shéi?
露　西：麻烦您叫一下儿 202 号儿房间的美智子，好吗？
　　　　Máfan nín jiào yíxiàr èrlíngèr hàor fángjiān de Měizhìzǐ,
　　　　hǎo ma?
服：　　对不起，我听不清楚。202 房间的谁？请再说一遍！
　　　　Duìbuqǐ, wǒ tīng bù qīngchu, èrlíngèr fángjiān de shéi? Qǐng
　　　　zài shuō yí biàn!
露　西：美—智—子—。
　　　　Měi—zhì—zǐ.
服：　　好，请等一下儿，我去叫她。
　　　　Hǎo, qǐng děng yíxiàr, wǒ qù jiào tā.
露　西：麻烦您了④。
　　　　Máfan nín le.
服：　　别客气！
　　　　Bié kèqi!

(服务员去202号儿房间敲门)
(Fúwùyuán qù èrlíngèr hàor fángjiān qiāomén)

服： 美智子，你的电话!
Měizhìzǐ, nǐ de diànhuà!

美智子： 哎，谢谢您，我马上来!
Ài, xièxie nín, wǒ mǎshàng lái!
(到电话机前) 喂?
(Dào diànhuàjī qián) Wéi?

露　西： 美智子吗?
Měizhìzǐ ma?

美智子： 对呀，你是……
Duì ya, nǐ shì……

露　西： 我是露西呀。
Wǒ shì Lùxī ya.

美智子： 哦? 露西? 你在哪儿打电话?
Ó? Lùxī? Nǐ zài nǎr dǎ diànhuà?

露　西： 在购物中心外面的电话亭。
Zài Gòuwù Zhōngxīn wàimiàn de diànhuàtíng.

美智子： 有什么事儿吗?
Yǒu shénme shìr ma?

露　西： 我遇见了一位中国朋友，她请我去民族文化宫看民族歌舞。晚上我可能回来得晚一点，你别担心!
Wǒ yùjiàn le yí wèi Zhōngguó péngyou, tā qǐng wǒ qù Mínzúwénhuàgōng kàn mínzú gēwǔ. Wǎnshàng wǒ kěnéng huílái de wǎn yìdiǎnr, nǐ bié dānxīn!

美智子： 好的! 回来时可别迷路哇!
Hǎo de! Huílái shí kě bié mílù wa!

— 47 —

Lesson 5   Is This Beijing University?

(Lucy is inside a public telephone booth)

Lucy: Hello, is this Beijing University?

Operator: Yes, this is Beijing University. Where do you want to connect with?

Lucy: Please connect me to Building No. Three of the foreign exchange students dormitory.

Receptionist: Hello?

Lucy: Is this Building No. Three?

Receptionist: Yes, who are you looking for?

Lucy: Could I trouble you to call Michiko in Room 202?

Receptionist: I'm sorry, I can't hear you clearly. Which person in Room 202? Please repeat one more time.

Lucy: Mi—chi—ko.

Receptionist: Okay, just a moment please. I'll go and call her.

Lucy: Thanks for your trouble!

Receptionist: You're welcome!

(The receptionist goes and knocks on the door of Room 202)

Receptionist: Michiko, your telephone!

Michiko: Ah, thank you. I'll be right there!

(Comes in front of the telephone) Hello?

Lucy: Is this Michiko?

Michiko: Yes, you are···

Lucy: I'm Lucy.

Michiko: Oh? Lucy, where are you calling from?

Lucy: I'm calling from the phone booth outside of the Shopping Center.

Michiko: What's the matter?

Lucy: I met a Chinese friend and she invited me to go to the Palace of National Minorities' Cultures to watch the national minorities' traditional singing and dancing. I will probably return a little bit late tonight. Don't worry!
Michiko: Don't get lost on your way back!

第5課　もしもし、北京大学ですか？

（ルーシーが電話ボックスの中で）
ル：　もしもし、北京大学ですか？
交換手：はい、北京大学ですが、どちらへおつなぎしますか。
ル：　留学生3号楼へお願いします。
服務員：もしもし？
ル：　3号楼ですか？
服：　そうです。どなたに御用ですか？
ル：　お手数ですが、202号室の美智子さんを呼んでいただけますか？
服：　すみません、よく聞きとれないんですが、202号室のどなたですか？　もう一度言って下さい。
ル：　美ー智ー子ー。
服：　わかりました。少々お待ち下さい。お呼びしますので。
ル：　どうも恐れ入ります。
服：　どういたしまして。
　　　（服務員が202号室のドアをノックする）
服：　美智子さん、お電話です。
美：　ありがとうございます。すぐ行きます。
　　　（電話の前まで来て）もしもし？
ル：　美智子？
美：　そうだけど、あなたは…

ル： ルーシーよ。
美： ああ、ルーシー？ どこからかけてるの？
ル： "長安"ショッピングセンターの外の電話ボックスからよ。
美： 何なの？
ル： 中国人の友達にばったり会ってね、民族文化宮に民族舞踊を観につれて行ってくれるそうなの。だから今晩は少し遅くなると思うけど心配しないで。
美： わかったわ。帰り、道に迷わないようにね。

词　语

1. 喂　　（叹）　　wèi (wéi)　　hello
   もしもし、おい
2. 公用电话　（名）　gōngyòng diànhuà　public telephone
   公衆電話
3. 电话亭　（名）　diànhuàtíng　phone booth
   電話ボックス
4. 接线员　（名）　jiē xiàn yuán　operator
   交換手、オペレーター
5. 转　　（动）　　zhuǎn　　connect with (phone extension)
   つなぐ、取りつぐ
6. 叫　　（动）　　jiào　　call, summon
   呼ぶ
7. 清楚　（形）　qīngchu　clear
   はっきりしている、明瞭な
8. 遍　　（量）　　biàn　　time (a verbal measure word)
   （一）回、（一）通り
9. 敲门　（动）　qiāo mén　knock on a door
   ドアをノックする

10. 哎	(叹)	ai	ah, yes はい
11. 马上	(副)	mǎshàng	right away, immediately すぐに、直ちに
12. 打(电话)	(动)	dǎ(diànhuà)	make a phone call （電話を）かける
13. 事儿	(名)	shìr	matter, business 用事、用件
14. 民族歌舞	(名)	mínzú gēwǔ	national minorities' traditional singing and dancing 少数民族の歌舞
15. 可能	(助动)	kěnéng	maybe, possibly ～かもしれない
16. 担心	(动)	dānxīn	worry, feel anxious 心配する
17. 迷路	(动)	mílù	lose the way 道に迷う

专　名

1. 北大	Běi—Dà	Beijing University 北京大学
2. 民族文化宫	Mínzú Wénhuà Gōng	Palace of National Minorities' Cultures 民族文化宫

— 51 —

注 释

① 喂

打电话时常用的呼唤语。

② 是北大吗?

电话接通后,中国人常常先确认接电话一方是否自己所要通话的一方。

③ 我是北大

接电话的人告知对方自己的姓名或地点时,常说"我是某人"或"我是某地"。注意不能说"这是…"。

④ 麻烦您了

在接受别人帮助时,表示感谢的用语,含有抱歉的意思。

英语注释

① 喂

This is often used to answer a telephone call or to call attention on the telephone.

② 是北大吗?

When making a phone call, Chinese people often confirm they have contacted the right place before identifying themselves.

③ 我是北大

When receiving phone calls, Chinese people first identify themselves with either their name or their location: 我是(某人)(This is so-and-so) or 我是(某地) (This is such and such a place). Note that one says 我是…, but one cannot say 这是….

④ 麻烦您了

When accepting assistance, 麻烦您了 expresses thanks, and also contains a note of apology for bothering the person.

日 语 注 释

①喂

"喂"は電話をかける際に呼びかけとしてよく用いられる。

②"是北大吗?"

中国人は、電話が通じると、まず電話をとった相手が通話したい相手かどうかを確認することが多い。

③我是北大

電話をとった人が、相手に自らの名前と場所を知らせるとき"我是某人""我是某地"ということが多い。"这是…"とは言わないので注意する。

④麻烦您了

人に手助けしてもらうときに感謝の意を表す言い回しで、申し訳ないという意味を含む。

练 习

一、用指定短语完成对话:

1.甲: 喂，是北大吗?

　乙: _____ (我是)，您是哪儿?

　甲: 我是语言学院。

2.甲: _____ (是……吗)?

　乙: 对不起，你打错了。

3.甲: _____?

　乙: 对，我是北大。

　甲: _____ (转)

　丙: 您好！我是留学生楼。

　甲: _____ (麻烦您)

　丙: 请等一下儿，我去叫他。

甲：_____！
乙：别客气！

二、你知道吗？
1. 接电话时，要想知道对方是谁，应该怎么问？
2. 在电话中告诉对方你是谁，可以说"这是×××"吗？
3. 叫别人接电话时，应该怎么说？

三、请读出下列电话号码儿：
① 2561166　　② 2012288
③ 114　　　　④ 2018495——317
⑤ 121　　　　⑥ 4231119——377

四、根据卡片中的提示练习打电话：

张林　中文系学生
住在36楼216号
楼内有电话

A

王老师　在语言学院工作
电话：2017531——214

B

罗伯特　美国人
住在长城饭店 1056 号房间
电话: 5005566

C

中村枝子　日本留学生
住在北大留学生 6 号楼 210 室
电话: 2562233——210

D

1. A 给 B 打电话
2. C 给 B 打电话
3. A 给 D 打电话
4. B 给 D 打电话
5. A 给 C 打电话
6. B 给 E 打电话

北京火车站　电话号码: 5128931

E

五、请告诉我:
　1. 你现在的房间里有电话吗？有国内的家中呢？如果有，电话号码儿是多少？
　2. 你常在哪儿打电话？往哪儿打？

六、想一想，说一说：

在中国打电话与在你的国家有什么不同的地方？（比如电话费、打电话的场所、打电话的方式等等）

补充词语

1. 接电话　　　jiē diànhuà　　answer the phone
　　　　　　　　　　　　　　電話を受ける

2. 回电话　　　huí diàn huà　　call back
　　　　　　　　　　　　　　折り返し電話する、電話で返事する

3. 长途　（名）chángtú　　　long-distance call
　　电话　　　　diànhuà　　　長距離電話

4. 直拨　（名）zhí bō　　　　direct phone call not connected by an operator
　　　　　　　　　　　　　　直通（電話）

5. 总机　（名）zǒng jī　　　telephone exchange, switchboard
　　　　　　　　　　　　　　交換台、受け付け交換台

6. 分机　（名）fēn jī　　　　extension
　　　　　　　　　　　　　　内線電話

7. 占线　（动）zhànxiàn　　the line is busy
　　　　　　　　　　　　　　はなし中

第6课　　我该理发了

大　卫：我该理发了。① 不知哪个理发店比较好。
　　　　Wǒ gāi lǐfà le. Bù zhī nǎ ge lǐfàdiàn bǐjiào hǎo.
张　强：我觉得校门口儿那一家理得不错②，你可以去试试③。
　　　　Wǒ juéde xiào ménkǒur nà yì jiā lǐde búcuò, nǐ kěyǐ qù shìshi.
大　卫：是吗？那我下午就去。
　　　　Shì ma? Nà wǒ xiàwǔ jiùqù.
　　　　（大卫到理发店）
　　　　(Dàwèi dào lǐfàdiàn)
理发师：理发吗？
　　　　Lǐfà ma?
大　卫：对。
　　　　Duì.
理：　　先到这边洗头。
　　　　Xiān dào zhèbiānr xǐtóu.
大　卫：好。
　　　　Hǎo.
　　　　（洗完头后）
　　　　(Xǐ wán tóu hòu)
理：　　请坐到这边儿来。你要理什么样儿的？
　　　　Qǐng zuòdào zhèbiānr lái. Nǐ yào lǐ shénme yàngr de?
大　卫：照现在的样儿剪短一点儿就行④。
　　　　Zhào xiànzài de yàngr jiǎn duǎn yìdiǎnr jiù xíng.
理：　　好的。（削剪后）这么长行吗？
　　　　Hǎo de. (Xuējiǎn hòu) Zhème cháng xíng ma?
大　卫：再短点儿吧。
　　　　Zài duǎn diǎnr ba.
理：　　（又剪）现在可以了吧？

— 57 —

　　　　　　(Yòu jiǎn) Xiànzài kěyǐ le ba?
大　卫：可以了。
　　　　　　Kěyǐ le.
理：　　刮脸吗？
　　　　　　Guāliǎn ma?
大　卫：不用。
　　　　　　Bú yòng.
理：　　要不要吹风？
　　　　　　Yào bú yào chuīfēng?
大　卫：吹一下吧。
　　　　　　Chuī yíxiàr ba.
理：　　（吹风）好了，你看怎么样？如果不满意的话……
　　　　　　(Chuīfēng) Hǎo le, nǐ kàn zěnmeyàng? Rúguǒ bù mǎnyì de huà……
大　卫：（照镜子）这里吹得太高了，能低点儿吗？
　　　　　　(Zhào jìngzi) Zhèlǐ chuīde tài gāo le, néng dī diǎnr ma?
理：　　可以。（再吹）现在怎么样？
　　　　　　Kěyǐ. (Zài chuī) Xiànzài zěnmeyàng?
大　卫：挺好的。多少钱？
　　　　　　Tǐng hǎo de. Duōshǎo qián?
理：　　三块五。
　　　　　　Sān kuài wǔ.
大　卫：（递钱）谢谢。
　　　　　　(Dì qián) Xièxie.
理：　　不用谢。
　　　　　　Búyòng xiè.
大　卫：再见。
　　　　　　Zàijiàn.
理：　　再见。
　　　　　　Zàijiàn.

Lesson 6   It's Time for Me to Get a Haircut

David: It's time for me to get a haircut but I don't know which barbershop is better.
Zhang Qiang: I think that shop by the campus entrance cuts pretty well. You can go and try it.
David: Really? Then I'll go this afternoon.
(David arrives at the barbershop.)
Barber: Want a haircut?
David: Yes.
Barber: Come to this side first to get your hair washed.
David: Okay.
(After he gets his hair washed)
Barber: Please come and sit here. What kind of hair style do you want?
David: Just keep it the same style, cut it shorter, and it will be fine.
Barber: All right. (After cutting his hair) Is this length okay?
David: A little shorter, please.
Barber: (Cuts again) Is it all right now?
David: It's all right.
Barber: How about a shave?
David: No.
Barber: Do you want me to blow dry your hair?
David: Yes, please.
Barber: (Blow dries his hair) Okay, what do you think? If you're not satisfied···
David: (Looks in the mirror) This part is too high, could you lower it a little?
Barber: Of course. (Blow dries again) How is it now?

David:	Pretty good. How much?
Barber:	Three yuan and five *mao*.
David:	(Hands the money) Thank you.
Barber:	You're welcome.
David:	Bye.
Barber:	Goodbye.

第6課　そろそろ散髪に行くころだ

デーヴィッド：そろそろ散髪に行くころだな。でもどこの店がいいんだろう。

張強：校門の所の店がなかなかいいと思うよ。行ってごらん。

デ：そうかい？　なら午後に行ってくるよ。

　　　（デーヴィッド、床屋へ行く）

理髪師：散髪ですか？

デ：はい。

理：まずこちらで髪を洗いますので。

デ：はい。

　　　（洗髪後）

理：こちらにお座り下さい。どのようになさいますか？

デ：今の髪形を少し短くするだけでいいです。

理：わかりました。（カット後）これ位の長さでよろしいですか？

デ：もう少し短くして下さい。

理：（またカットする）これでよろしいでしょう？

デ：はい、結構です。

理：顔をそりましょうか？

デ：いえ、いいです。

理：ドライヤーをあてますか？

デ：少しお願いします。

理： （ドライヤーをあてる）はい、いかがですか？ もしご不満
　　　があれば…
デ： （鏡を見て）ここが高くなりすぎているので、少し低くして
　　　もらえますか？
理： はい。（またあてて）今度はいかがです？
デ： いいですね。おいくらですか？
理： 3元5角です。
デ： （お金を渡して）ありがとう。
理： どういたしまして。
デ： さようなら。
理： さようなら。

词　语

1. 理发　　　　　lifà　　　　　get a haircut
　　　　　　　　　　　　　　　理髪（する）、散髪（する）
2. 理发店　（名）lifàdiàn　　　barbershop
　　　　　　　　　　　　　　　理髪店、床屋
3. 比较　　（动）bǐjiào　　　　comparatively, relatively
　　　　　　　　　　　　　　　わりあい、比較的
4. 门口儿　（名）ménkǒur　　　doorway, entrance
　　　　　　　　　　　　　　　入り口、玄関口
5. 家　　　（量）jiā　　　　　 a measure word for shops and businesses
　　　　　　　　　　　　　　　家庭、企業、店を数える
6. 洗　　　（动）xǐ　　　　　　wash
　　　　　　　　　　　　　　　洗う
7. 头　　　（名）tóu　　　　　 head
　　　　　　　　　　　　　　　頭

8. 照…样儿		(zhào…yàngr)	according to (in this text: cut it the same as it is now) （ある）形のとおりに、～に照らして
9. 剪	(动)	jiǎn	cut はさみで切る
10. 削剪	(动)	xuējiǎn	cut (down), whittle down, slash カットする
11. 刮脸		guāliǎn	shave 顔をそる
12. 吹风		chuīfēng	blow dry ドライヤーで乾かす
13. 满意	(形)	mǎnyì	satisfied 嬉しく思う、もの足りる
14. 照镜子		zhàojìngzi	look at one's reflection in a mirror 鏡に映す
15. 低	(形)	dī	low 低い
16. 递	(动)	dì	give (by hand) 手渡す

注 释

① 我该理发了
"该……了"表示到了做某事的时间了。

② 不错
意思是比较好。

③ 试试
试一下儿的意思。

④ 剪短一点儿就行

"…就行"表示"只要…就可以了"的意思。

英语注释

① 我该理发了

该…了 expresses that it is time to do something, as in "It's time for me to get a haircut."

② 不错

Not bad, good.

③ 试试

Give it a try.

④ 剪短一点儿就行

…就行 means the same as 只要…就可以了(as long as… and it will be fine).

日 语 注 释

①我该理发了

"该…了"はある事を行う時間になったことを表す。

②不错

悪くない。よい。

③试试

試してみる。

④剪短一点儿就行

"…就行"は"…だけでよい、…すればそれでよい"の意味。

练 习

一、用指定词语进行对话:

1. 该……了
   甲: _____
   乙: _____

2. 试试
   甲: _____
   乙: _____

3. 照……样儿
   甲: _____
   乙: _____

4. ……就行
   甲: _____
   乙: _____

5. 你看……, 行吗?
   甲: _____
   乙: _____

二、完成下面的对话:

理发师: 你要理发吗?
英 夫: _____
理发师: 先到这边洗头。
英 夫: _____
理发师: 你要理什么样儿的?
英 夫: _____
理发师: 好的。理好了, 你看行吗?
英 夫: _____
理发师: 刮脸吗?
英 夫: _____

理发师：吹风吗？
英　夫：_____
理发师：你看怎么样？
英　夫：_____。多少钱？
理发师：_____

三、根据下列情景进行会话（两个同学一组）

1. 你向同学打听哪一家理发店比较好，然后去理发。

   可分三部分：

   ① 打听哪一个理发店好。

   ② 把自己的要求告诉理发师。

   ③ 理完后告诉理发师自己是否满意。

2. 一位女同学去理发店烫发，她要选一种比较时髦的发型，但烫完后她很不满意。

   可分两部分：

   ① 选发型

   ② 烫完后表示不满意。

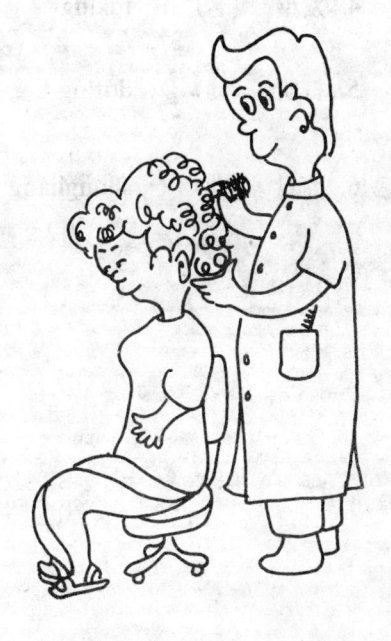

四、请告诉我：
　1.你来中国以后，去过哪个理发店？那个理发店怎么样？
　2.第一次在中国理发店理发时怎么样？你对理的发型满意吗？
　3.在中国理发店理发与在你们国家理发店理发有什么不同？

补充词语

1. 烫发　　　　　　　tàng fà　　　　have a permanent wave, perm
　　　　　　　　　　　　　　　　　パーマをかける
2. 流行　（动、形）liúxíng　　　　popular, prevalent
　　　　　　　　　　　　　　　　　流行する、流行の
3. 时髦　（形）　　shímáo　　　　fashionable
　　　　　　　　　　　　　　　　　モダンな、流行している
4. 发型　（名）　　fàxíng　　　　 hair style
　　　　　　　　　　　　　　　　　ヘアースタイル
5. 打听　（动）　　dǎting　　　　 ask about, inquire about
　　　　　　　　　　　　　　　　　尋ねる
6. 商量　（动）　　shāngliang　　 consult
　　　　　　　　　　　　　　　　　相談する

第 7 课　　去朋友家

（大卫敲门）
(Dàwèi qiāomén)

张强：　谁呀①？是大卫吗？②
　　　　Shéi ya? Shì Dàwèi ma?

大卫：　对，是我。
　　　　Duì, shì wǒ.

张：　　（开门）来来来，快请进。③
　　　　(Kāimén) Lái lái lái, kuài qǐng jìn.

大卫：　你们家真干净啊！④
　　　　Nǐmen jiā zhēn gānjìng a!

张：　　哪儿啊。⑤请坐这儿吧。
　　　　Nǎr a. Qǐng zuò zhèr ba.

大卫：　好。
　　　　Hǎo.

张：　　你想喝点儿什么？⑥茶还是咖啡？
　　　　Nǐ xiǎng hē diǎnr shénme? Chá háishi kāfēi?

大卫：　我喜欢喝茶。
　　　　Wǒ xǐhuan hēchá.

张：　　我给你倒茶。
　　　　Wǒ gěi nǐ dào chá.

大卫：　谢谢。
　　　　Xièxie.

张：　　最近怎么样？
　　　　Zuìjìn zěnmeyàng?

大卫：　还可以，只是学习太忙了，每天晚上都睡得很晚，要背生词，读课文，听录音，练汉字。
　　　　Hái kěyǐ, zhǐshì xuéxí tài máng le, měitiān wǎnshang dōu shuìde hěn wǎn, yào bèi shēngcí, dú kèwén, tīng lùyīn, liàn

— 67 —

　　　　Hànzì.

张： 也别太累了，还要多注意身体。
　　　Yě bié tài lèi le, hái yào duō zhùyì shēntǐ.

大卫： 嗯，我每天下午都去打一会儿篮球，锻炼锻炼身体。你最近怎么样？忙吗？
　　　Ng, wǒ měitiān xiàwǔ dōu qù dǎ yìhuǐr lánqiú, duànliàn duànliàn shēn tǐ. Nǐ zuìjìn zěnmeyàng? Máng ma?

张： 不太忙，前些日子出了一趟差。
　　　Bú tài máng, qián xiē rìzi chūle yí tàng chāi.

大卫： 去哪儿了？
　　　Qù nǎr le?

张： 广州。刚回来没几天。
　　　Guǎngzhōu. Gāng huílai méi jǐ tiān.

（又聊了一会儿）
（Yòu liáo le yíhuìr）

大卫： 哦，时间不早了，我该回去了。
　　　Ò, shíjiān bù zǎo le, wǒ gāi huíqù le.

张： 急什么，⑦再坐一会儿吧。
　　　Jí shénme, zài zuò yíhuìr ba.

大卫： 不啦，我还要回去预习明天的课呢。⑧
　　　Bùla, wǒ háiyào huíqù yùxí míngtiān de kè ne.

张： 是吗？那就不留你了。以后有空儿常来玩儿。
　　　Shì ma? Nà jiù bù liú nǐ le. Yǐhòu yǒukòngr cháng lái wánr.

大卫： 好，我会常来的。跟你聊天，对我提高汉语口语的水平很有好处。
　　　Hǎo, wǒ huì cháng lái de. Gēn nǐ liáotiānr, duì wǒ tígāo Hànyǔ kǒuyǔ deshuǐpíng hěn yǒu hǎochù.

张： 我一般晚上没事儿。你有空就来吧。
　　　Wǒ yìbān wǎnshang méi shìr. Nǐ yǒu kòngr jiù lái ba.

大卫： 太好了。那我回去了。

   Tài hǎo le. Nà wǒ huíqu le.
张: 好，再见!
   Hǎo, zàijiàn!
大卫: 再见!
   Zàijiàn!

Lesson 7 At a Friend's House

     (David knocks on the door)
Zhang Qiang: Who is it? Is that you, David?
David: Yes, it's me.
Zhang Qiang: (Opens the door) Welcome, please come in.
David: Your house is so clean!
Zhang Qiang: Well, thank you. Please sit here.
David: Okay.
Zhang Qiang: What would you like to drink? Tea or coffee?
David: I'd like to drink tea.
Zhang Qiang: I'll pour some tea for you.
David: Thank you.
Zhang Qiang: How have you been lately?
David: So-so, I've been too busy studying. Every night I go to sleep very late. I need to memorize new vocabulary words, read lessons, listen to recordings, and practice writing words.
Zhang Qiang: Don't work too hard. You have to pay attention to your health.
David: Yeah, every afternoon I go to play basketball for awhile so I can work out my body. How have you been lately? Been busy?

Zhang Qiang:	Not too busy, I went on a business trip a few days ago.
David:	Where did you go?
Zhang Qiang:	Guangzhou. I've only been back a few days.
	(They chat for a little bit longer.)
David:	Oh, it's getting late. I should go back.
Zhang Qiang:	There's no need to hurry. Just stay a little bit longer.
David:	No, I still have to go back and prepare for tomorrow's lesson.
Zhang Qiang:	Really? Then I won't keep you. Come back when you have some time again.
David:	Okay, I will come often. It's helpful to chat with you because I can improve my spoken Chinese.
Zhang Qiang:	I'm usually free at night. Just come when you have time.
David:	Great! I'll go now.
Zhang Qiang:	All right, goodbye!
David:	Bye!

第7課　友達の家へ行く

（デーヴィッド、ドアをノックする）

張強：どなたですか？　デーヴィッドかい？

デーヴィッド：そう、僕だよ。

張：　（ドアを開けて）やあ、いらっしゃい、早く入って。

デ：　きれいな家だなあ。

張：　そんな事ないよ。ここに座って。

デ：　うん。

張：　飲みものは何がいい？　お茶、それともコーヒー？
デ：　お茶がいいな。
張：　僕がいれよう。
デ：　ありがとう。
張：　最近はどう？
デ：　まあまあだね。ただ勉強が忙しくて、単語を覚えたり、教科書を読んだり、テープを聞いたり、漢字を練習したりで毎晩寝るのが遅くなってしまうんだ。
張：　疲れすぎないように、身体(からだ)にも気をつけないと。
デ：　うん、毎日午後はバスケットをして身体を鍛えているんだ。君は最近どう？　忙しいの？
張：　それ程忙しくもないよ。少し前に出張に行ってきたんだ。
デ：　どこへ？
張：　広州。つい何日か前に帰ってきたばかりだ。
　　　（しばらくおしゃべりする）
デ：　ああ、もう遅いからおいとまするよ。
張：　そう急がないで、もう少しいいじゃないか。
デ：　いや、帰って明日の予習をしないと。
張：　そうか？　ならば引き留めないよ。また暇があればいつでもおいで。
デ：　うん、お邪魔でなければ、ちょくちょく来るよ。君と話すのは中国語を伸ばすのにいいからね。
張：　普段夜は何もないから、暇なら来いよ。
デ：　それはよかった。じゃ、帰るよ。
張：　うん、さよなら！
デ：　またな！

―71―

词 语

1. 干净　　(形)　　gānjìng　　clean
きれいである
2. 茶　　　(名)　　chá　　　　tea
お茶
3. 咖啡　　(名)　　kāfēi　　　coffee
コーヒー
4. 倒(茶)　(动)　　dào(chá)　 pour (tea)
（お茶を）つぐ
5. 背(生词) (动)　　bèi(shēngcí) memorize (new vocabulary words)
（単語を）暗記する、覚える
6. 录音　　(动、　lùyīn　　　recording
　　　　　 名)　　　　　　　 録音
7. 练　　　(动)　　liàn　　　 practice
練習する
8. 累　　　(形)　　lèi　　　　tired, fatigued
疲れる
9. 注意　　(动)　　zhùyì　　　pay attention to
注意する、気を付ける
10. 打　　　(动)　　dǎ　　　　play (a sport)
球技をする
11. 篮球　　(名)　　lánqiú　　basketball
バスケットボール
12. 锻炼　　(动)　　duànliàn　exercise
体を鍛える、身体を鍛える
13. 前些　　　　　　qiánxiē　　for the past few days,
　　日子　　　　　 rìzi　　　　a few days ago
何日か前
14. 趟　　　(量)　　tàng　　　 a verbal measure word for trips

行き来する回数を数える

15.	出差	(动)	chūchāi	go on a business trip

出張する

16.	聊	(动)	liáo	chat

おしゃべりする

17.	急	(形)	jí	worry; urgent, pressing

急ぐ、差し迫った、急を要する

18.	预习	(动)	yùxí	prepare (a lesson)

予習する

19.	留	(动)	liú	detain, ask a guest to remain

引きとめる

20.	有空儿		yǒukòngr	have free time

暇がある

21.	聊天	(动)	liáotiān	chat

おしゃべりする

22.	提高	(动)	tígāo	improve, raise

高める、向上する

23.	水平	(名)	shuǐpíng	proficiency level

水準

24.	好处	(名)	hǎochu	benefit, advantage

利点、利益

25.	一般	(形)	yìbān	usually, under normal circumstances

普通の、普段の

专 名

1.	广州		Guǎngzhōu	Guangzhou (city)

广州

注 释

① 谁呀?
为"你是谁"的省略语,可回答"是我",让主人从声音分辨客人是谁,也可以直接报出自己的姓名,如"我是大卫"。

② 是大卫吗?
因为主人知道大卫要来,所以估计来访者是大卫。

③ 快请进
"快"用在这里可以表达主人的热情和见到客人时的高兴心情。"快请坐"的"快"也是这个意思。

④ 你们家真干净啊
是客人会话开始时的寒暄语。这时的寒暄语涉及的话题很多,可以谈论天气,如"今天真热啊";可以谈论主人的房子,如"你们家可真大啊",也可以谈论主人的家庭成员,如"你爱人上班啦?"等等。

⑤ 哪儿啊
是听到赞美时表示谦虚的应答语,也可说"哪里","干净什么"。

⑥ 你想喝点儿什么?
中国人招待客人的常见方式是倒茶,请客人吃水果、糖果等。"你想喝点儿什么"中的"什么"泛指饮料。

⑦ 急什么
意思是"不要着急","没什么事值得着急的"。

⑧ 客人告别时,可以说自己还有别的事,所以要回去;也可以从主人方面考虑,不再打扰主人了。比如"打扰您这么长时间,您该休息了","扰你了,你忙吧"之类。

英语注释

① 谁呀?
谁呀 is an abbreviated form of "你是谁?" (Who are you? / Who

is it?). In response one can say simply 是我(It's me) and let the questioner identify one by voice, or one can give one's name, as: 我是大卫 (It's David).

② "是大卫吗?"

Because the speaker knows David should be coming, he guesses that this is he.

③ 快请进

快 used here can express the host's warmth and enthusiasm on seeing his guest. The 快 in 快请坐(Please sit down) has the same meaning.

④ 你们家真干净啊。

This is used by a guest when exchanging pleasantries. There are many topics for this type of exchange. One can discuss the weather: 今天真热啊!(It's hot today!) or one can discuss the host's home: 你们家可真大啊!(Your house is so big!) or one can discuss the host's family members: 你爱人上班啦? (Has your wife (husband) gone to work?) etc.

⑤ 哪儿啊

This is a humble response to praise. One can also say 哪里, or 干净什么.

⑥ 你想喝点儿什么?

When Chinese people entertain guests it is common practice to pour tea and offer the guest fruit or sweets to eat. The 什么 in 你想喝点什么 refers to beverages in general.

⑦ 急什么

急什么 means "There's no need to hurry" or "It's not worth worrying about."

⑧ When a guest takes his leave, he can say he has other things to do and so must leave, or he can opt for a display of consideration for the host, saying he won't bother the host further, as in: 打扰您这么长

时间;您该休息了 (I've bothered you such a long time! You should rest), or 打扰您了, 您忙吧 (I've disturbed you. Go on about your business).

日 语 注 释

①谁呀

"你是谁"の省略形で、"是我"と答えて主人に声音から誰なのかを判断させてもいいし、"我是大卫"などと直接姓名を名のってもよい。

②是大卫吗?

主人は大衛がやって来るのを知っているので、来訪者が大衛だと見当をつけている。

③快请进

ここでの"快"は、主人の熱意と客に会ったときの喜びを表している。"快请坐"の"快"も同様である。

④你们家真干净啊

客が会話をきり出すときのあいさつ。この場合の話題の幅は広く、"今天真热啊"など天気についてでもいいし、"你们家可真大啊"などと主人の住居についてでもいいし、"你爱人上班啦?"などと主人の家族についてでもよい。

⑤哪儿啊

ほめられた際に謙虚さを示す応答語。"哪里"、"干净什么"ともいえる。

⑥你想喝点儿什么

よく見られる中国人の客のもてなし方には、お茶をいれる、果物やあめをすすめるなどがある。

⑦急什么

"急ぐことはない"、"急がねばならないようなことは何もない"という意。

— 76 —

⑧客は帰るときに、他にも用があって帰らなければならない、といってもよい。または主人の方を配慮して、これ以上はお邪魔しないと言ってもよい。

例えば"打扰您 这么长时间，您该 休息了"，"打扰你了，你忙吧"など。

练 习

一、根据提示词语完成对话：
　　甲：谁呀？
　　乙：_____。（大卫）
　　甲：快请进。请坐这儿。
　　乙：_____
　　甲：你想喝点儿什么？
　　乙：_____。（茶）
　　甲：我给你倒茶。
　　乙：_____
　　甲：你最近怎么样？
　　乙：_____。（学习、身体）
　　甲：你应该多锻炼身体。
　　乙：_____。你最近忙吗？
　　甲：_____。（忙）
　　乙：你也要多注意休息，别太累了。
　　　　时间不早了，_____。（回去）
　　甲：再_____吧？
　　乙：不啦，我还_____。
　　甲：那_____（不留），以后有空儿_____。
　　乙：好，再见。

甲：_____。

二、你知道吗？

1. 听到有人敲门后，主人一般会问什么？客人怎么回答？
2. 主人邀请客人时一般会怎么说？
3. 中国人一般怎样招待客人，可以使用哪些语句？
4. 为了打破沉默，客人和主人可以谈论哪些话题？常常使用哪些语句？
5. 中国人准备告别时常说什么？主人一般怎么回答？

三、请告诉我……

1. 你去中国朋友家做过客吗？
2. 如果做过客，当时的情景怎样？

四、根据下列情景进行会话。

（两个同学一组）

1. 一个中国朋友邀请你去做客，你们在一起谈论各自的情况，并在主人家吃水果。

    分两部分：①邀请
    　　　　　②在主人家

2. 你邀请一个中国朋友去你的房间玩，谈论你到中国以后的生活，学习情况等。

    分两部分：①邀请
    　　　　　②在你的房间

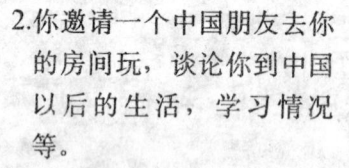

五、想一想、说一说。

1. 中国人招待客人的方式与你们国家有什么不同？

2. 聊天时，你们国家的人常常谈论哪些话题？又有哪些话题是不便于谈论的？与中国人的习惯有哪些不同？

3. 听到别人的赞扬时，中国人一般怎样回答？你们国家的习惯呢？

4. 准备告别和告别时，中国人的习惯与你们国家的习惯有什么不同？

补充词语

1. 沙发 (名)　　shāfā　　　　sofa
   ソファ

2. 水果 (名)　　shuǐguǒ　　　fruit
   果物

3. 糖　 (名)　　táng　　　　 sugar
   あめ

4. 糕点 (名)　　gāodiǎn　　　cake, pastry
   菓子

5. 宽敞 (形)　　kuānchǎng　　spacious, commodious
   広い

第8课　　你想吃点儿什么?

（英夫和美智子来到一家餐厅，英夫坐下后拿起菜单。）
(Yīngfū hé Měizhìzǐ láidào yì jiā cāntīng, Yīngfū zuòxià hòu náqǐ càidān.)

英　夫: 你想吃点儿什么?
　　　　Nǐ xiǎng chī diǎnr shénme?

美智子: 我不太了解中国菜，你随便点，什么都可以。
　　　　Wǒ bú tài liǎojiě Zhōngguócài, nǐ suíbiàn diǎn, shénme dōu kěyǐ.

英　夫: 好吧。你能不能吃辣的?
　　　　Hǎo ba. Nǐ néng bunéng chī là de?

美智子: 还可以。①
　　　　Hái kěyǐ.

英　夫: 那就②来一个鱼香肉丝③、一个辣子肉丁。你喜不喜欢吃带点儿甜味儿的菜?
　　　　Nà jiù lái yí gè Yúxiāngròusī, yí ge Làzǐròudīng. Nǐ xǐ bu xǐhuan chī dài diǎnr tián wèir de cài?

美智子: 非常喜欢。
　　　　Fēicháng xǐhuan.

英　夫: 那就再要一个古老肉、一个糖醋鱼。这两个菜有点儿甜，还稍微有点儿酸。
　　　　Nà jiù zài yào yí gè Gǔlǎoròu, yí gè Tángcùyú. Zhè liǎng ge cài yǒu diǎnr tián, hái shāowēi yǒudiǎnr suān.

美智子: 那可能好吃。
　　　　Nà kěnéng hǎo chī.

英　夫: 要不要凉菜?
　　　　Yào bú yào liángcài?

美智子: 我看够了，太多吃不完。
　　　　Wǒ kàn gòule, tài duō chī bu wán.

英 夫: 好，喝点儿什么呢？
Hǎo, hē diǎnr shénme ne.?

美智子: 我喜欢葡萄酒。你呢？
Wǒ xǐhuān pútaojiǔ. Nǐ ne?

英 夫: 我想喝点儿啤酒。
Wǒ xiǎng hē diǎnr píjiǔ.

（招呼服务员）小姐！
(Zhāohū fúwùyuán) Xiǎojiě!

服务员: 你们要点儿什么？
Nǐmen yào diǎnr shénme?

英 夫: 要一个糖醋鱼，一个鱼香肉丝、一个古老肉，还有辣子肉丁，再要一杯葡萄酒、一杯啤酒。
Yào yí ge Tángcùyú, yí ge Yúxiāngròusī, yí ge Gǔlǎoròu, hái yǒu Làziròudīng, zài yào yì bēi pútaojiǔ, yì bēi píjiǔ.

服: 主食④要什么？这儿有米饭、炒面。
Zhǔshí yào shénme? Zhèr yǒu mǐfàn、chǎomiàn.

英 夫: 两碗米饭。
Liǎng wǎn mǐfàn.

服: 还要别的吗？
Hái yào biéde ma?

英 夫: 不要了。
Bú yào le.

服: 好，请稍等一会儿。
Hǎo, qǐng shāo děng yíhuìr.

Lesson 8   What Do You Want to Eat?

(Hideo and Michiko arrive at a restaurant. Hideo picks up a menu after he sits down)

— 81 —

Hideo:	What do you want to eat?
Michiko:	I'm not very familiar with Chinese food so order whatever you like. Anything's fine.
Hideo:	All right. Can you eat spicy food?
Michiko:	More or less.
Hideo:	Then I'll order a *Yuxiang* shredded pork and a diced hot-pepper pork. Do you like sweet flavored dishes?
Michiko:	I really like them.
Hideo:	Then I'll order one *Gulao* pork and one sweet and sour fish too. Both of these two dishes are a bit sweet and sour.
Michiko:	Then they are probably delicious.
Hideo:	Do you want cold dishes?
Michiko:	I think it's enough. We can't finish if we order too much.
Hideo:	Okay, what do you want to drink?
Michiko:	I like grape wine. And you?
Hideo:	I want to drink some beer.
	(They call a waitress) Miss!
Waitress:	What would you like to order?
Hideo:	I want a sweet and sour fish, a *Yuxiang* shredded pork, a *Gulao* pork, and a diced hot-pepper pork. I also want a glass of grape wine and a glass of beer.
Waitress:	Which staple food do you want? We have rice and stir-fried noodles here.
Hideo:	Two bowls of rice.
Waitress:	Anything else?
Hideo:	No.
Waitress:	Okay, please wait for a little bit.

第8課　何にしますか？

（英夫と美智子はレストランへやってきた。英夫は席に着くとメニューを手にした。）

英： 何にする？
美： 中国料理はよく分からないから、あなたの好きなように頼んで。何でもいいから。
英： わかった。辛いのは大丈夫？
美： まあまあね。
英： それじゃ、魚香肉絲と辣子肉丁を頼もう。甘めの味つけは好き？
美： 大好きよ。
英： じゃあ、あと酢豚と糖醋魚も頼もう。2つとも甘めで少し酸っぱいんだ。
美： それはおいしいかもね。
英： 前菜はいる？
美： もう充分よ。多すぎても食べきれないわ。
英： うん。飲みものは何にする？
美： ワインがいいわ。あなたは？
英： ビールが飲みたいな。
　　（ウエートレスを呼ぶ）すみません！
ウエートレス：何になさいますか？
英： 糖醋魚と魚香肉絲と酢豚、それから辣子肉丁。あとはワインとビールを1杯ずつ。
ウ： 主食は何になさいますか？ご飯と焼きそばがございますが。
英： ご飯を二碗。
ウ： 他には何か？
英： もう結構です。
ウ： はい。少々お待ち下さいませ。

词 语

1. 餐厅　(名)　cāntīng　restaurant
   食堂、レストラン
2. 菜单　(名)　càidān　menu
   メニュー
3. 了解　(动)　liǎojiě　understand
   分かる
4. 随便　(形)　suíbiàn　whatever you prefer, do as one pleases
   自由である、自由に、随意に
5. 点　(动)　diǎn　select, choose
   （料理を）選んで注文する
6. 辣　(形)　là　hot, spicy
   辛い
7. 甜　(形)　tián　sweet
   甘い
8. 酸　(形)　suān　sour
   すっぱい
9. 凉菜　(名)　liángcài　cold dishes
   前菜
10. 葡萄酒　(名)　pútáojiǔ　wine
    ワイン
11. 啤酒　(名)　píjiǔ　beer
    ビール
12. 招呼　　　zhāohu　call
    呼びかける、呼ぶ
13. 服务员　(名)　fúwùyuán　waiter, waitress
    店員、ウエーター、ウエートレス
14. 杯　(量)　bēi　measure word for glass, cup

				(一)杯
15.	主食	(名)	zhǔshí	staple food
				主食
16.	米饭	(名)	mǐfàn	rice, steamed rice
				ご飯
17.	炒面	(名)	chǎomiàn	stir-fried noodles
				焼きそば
18.	碗	(量)	wǎn	a bowl of…
				(一)碗、杯
19.	稍	(副)	shāo	a little bit, slightly
				少し、やや、少々

专 名

1. 鱼香肉丝 Yúxiāng ròusī　　*Yuxiang* (fragrant as fish) shredded pork
　　魚の香の豚肉の細切り
2. 辣子肉丁 Làziròudīng　　diced hot pepper pork
　　辛い豚肉のいためもの
3. 古老肉　Gǔlǎoròu　　*Gulao* (sweet and sour) pork
　　酢豚
4. 糖醋鱼　Tángcùyú　　sweet and sour fish
　　魚の甘酢あん

注 释

① 还可以
　表示不是特别喜欢，也不是特别不喜欢。
② 那就…
　表示根据上文提到的情况和条件，作出某种决定。如，甲："今天

下午我有事,不能出去玩儿了。"乙:"那就明天去吧。"
③ 来一个鱼香肉丝
"来…"经常用在购买食品的场合,如"来一个西瓜","来两瓶汽水"等。
④ 主食
主食一般为米饭、馒头、面条、饺子、包子等。

英语注释

① 还可以

还可以 expresses that one has neither positive nor negative feelings about something.

② 那就…

那就 introduces the speaker's decision based upon the preceding situation or condition, as in 今天下午我有事,不能出去玩儿了. (This afternoon I'm busy, so I can't go out.) 那就明天去吧. (In that case, let's make it tomorrow.)

③ 来一个鱼香肉丝

来… is often used when buying food products, as in 来一个西瓜 (I'll take one watermelon) and 来二瓶汽水儿 (Give me two bottles of pop).

④ 主食

Staple foods include rice, steamed bread, noodles, dumplings, etc.

日 语 注 释

①还可以

特に好きでも、きらいでもないことを表す。

②那就…

前文で提げられた情況や条件からある決定を下す、ということを表す。例：甲："今天下午有事，不能出去玩儿了。"乙："那就明天去吧。"

③来一个鱼香肉丝

"来…"は食品を購入するときによく用いる。例："来一个西瓜"，"来两瓶汽水"など。

④主食

主食とは一般にご飯、饅頭（マントウ）、メン、餃子、包子（パオズ）などである。

练 习

一、仿照例句进行会话：

1.…想吃（喝）…

　例　甲：你想吃点什么?

　　　乙：我想吃糖醋鱼。

2.…喜欢吃（喝）…

　例　甲：你喜欢喝什么饮料?

　　　乙：我喜欢喝可口可乐。

3.…喜不喜欢吃（喝）…

　例　甲：你喜不喜欢吃辣的?

　　　乙：不喜欢，我喜欢吃甜的。

4.…要（来）…

　例　甲：我要一个辣子鸡丁。

　　　乙：我来一个鱼香肉丝。

5.…要不要…

　例　甲：你要不要啤酒?

　　　乙：不要，我要桔子水。

6. 那就…

　　例　甲：你喜不喜欢吃鸡肉。

　　　　乙：还可以。

　　　　甲：那就来一个宫保鸡丁。

7. …有点儿…

　　例　甲：这个菜有点儿甜，

　　　　乙：我喜欢吃甜的。

8. …够了…

　　例　甲：这些菜够了。

　　　　乙：对，太多吃不完。

9. …要（来）…，再要（来）…

　　例　甲：我要一个辣子鸡丁，一个红烧肉，再要一瓶啤酒。

　　　　乙：我来一个糖醋鱼，再来一个古老肉。

二、请用下列词语跟朋友商量点什么菜：

　①…想吃（喝）…

　②…喜欢吃（喝）…

　　…要不要…

　　…有点儿…

　　那就…

　　…够了

　　…来…，再来…，还要…

三、根据情景进行会话：

1.你第一次去中国餐馆吃饭，服务员拿来下面的菜单，你请服务员介绍一些菜，然后点菜。

冷　　盘	炒菜类	汤　类	主　食
拌黄瓜 泡菜 怪味儿鸡	鱼香肉丝 麻婆豆腐 宫保鸡丁 干烧鱼 酱爆肉丁	三鲜汤 鸡蛋汤 酸辣汤	米饭 馒头 花卷 鸡蛋炒饭 肉丝炒面

2.你请一个朋友去中国餐馆,你们拿起菜单,你向朋友介绍中国菜。一起商量点什么菜。

四、请告诉我…

1.你经常去中国餐馆吃饭吗?
2.你对中国餐馆有什么印象?
3.中国饭菜与你们国家的饭菜有什么不同?

补充词语

1. 牛肉　(名)　niúròu　　beef
   牛肉

2. 猪肉　(名)　zhūròu　　pork
   豚肉

3. 鸡肉　　　　jīròu　　chicken (as food)
   とり肉

4. 白酒　(名)　báijiǔ　　white liquor, spirit
   中国の焼酒

5. 可乐　(名)　kělè　　cola
   コカコーラ

6. 汽水儿 (名) qìshuǐr　　soda water
　　　　　　　　　　　　サイダー（水）
7. 饺子　 (名) jiǎozi　　　dumpling (with meat and vegetable stuffing)
　　　　　　　　　　　　餃子
8. 包子　 (名) bāozi　　　steamed stuffed bun
　　　　　　　　　　　　中国まんじゅう、パオズ
9. 面条　 (名) miàntiáo　 noodles
　　　　　　　　　　　　うどん、メン
10. 馒头　(名) mántou　　steamed bread
　　　　　　　　　　　　マントー

第9课　这个菜味道不错

　　　　　（服务员把菜端来）
　　　　　（Fúwùyuán bǎ cài duānlái）
服务员：这是糖醋鱼，这是辣子肉丁。
　　　　　Zhè shi Tángcùyú, zhè shi Làziròudīng.
英夫
美智子：谢谢。
　　　　　Xièxie.
　　　　　（服务员离开后，过了一会儿又来了。）
　　　　　（Fúwùyuán líkāi hòu, guòle yíhuìr yòu lái le.
服：　　这是古老肉，这是鱼香肉丝、饮料和米饭，你们要的都齐了。
　　　　　Zhè shi Gǔlǎoròu, zhè shì Yúxiāngròusī, yǐnliào hé mǐfàn, nǐmen yào de dōu qí le.
英夫
美智子：谢谢。
　　　　　Xièxie.
服：　　不客气。
　　　　　Bú kèqi.
英夫：　咱们吃吧。
　　　　　Zánmen chī ba.
美智子：好。
　　　　　Hǎo.
英夫：　哎，这个菜味道不错。
　　　　　Ái, Zhège cài wèidào búcuò.
美智子：是吗？我尝尝。
　　　　　Shì ma? Wǒ chángchang.
英夫：　怎么样？
　　　　　Zěnmeyàng?
美智子：是不错[①]，这是古老肉吧？
　　　　　Shì búcuò, zhèshi Gǔlǎoròu ba?
英夫：　对。

— 91 —

　　　　　Duì.
美智子：怎么，你也喜欢吃甜的？② 我以前以为只有女的才喜欢甜的。
　　　　　Zěnme, nǐ yě xǐhuan chī tián de? Wǒ yǐqián yǐwéi zhǐyǒu nǚde cái xǐhuan tián de.
英夫：哪儿啊，③ 很多男的也喜欢甜的。
　　　　Nǎr a, hěnduō nánde yě xǐhuan tián de.
美智子：这盘糖醋鱼你觉得怎么样？
　　　　　Zhèi pán Tángcùyú nǐ juéde zěnmeyàng?
英夫：非常好吃。你觉得怎么样？
　　　　Fēicháng hǎo chī. Nǐ juéde zěnmeyàng?
美智子：我也非常喜欢，甜酸可口。
　　　　　Wǒ yě fēicháng xǐhuan, tiánsuān kěkǒu.
英夫：这盘辣子肉丁你尝过了吗？
　　　　Zhè pán Làziròudīng nǐ chángguo le ma?
美智子：尝过了，可惜太辣了，我不敢吃。
　　　　　Chángguo le, kěxī tàilà le, wǒ bù gǎn chī.
英夫：我不怕辣，所以非常喜欢这个菜。
　　　　Wǒ bú pà là, suǒyǐ fēicháng xǐhuan zhè ge cài.
　　　　（吃了一会儿）
　　　　（Chī le yíhuìr）
美智子：我已经吃饱了，你呢？
　　　　　Wǒ yǐjing chī bǎo le, nǐ ne?
英夫：我也吃不下了，④ 让服务员结帐吧。
　　　　Wǒ yě chī bú xià le, ràng fúwùyuán jiézhàng ba.
美智子：好。
　　　　　Hǎo.
英夫：小姐，（服务员走过来）给我们结一下帐好吗？
　　　　Xiǎojiě, (Fúwùyuán zǒu guòlái) gěi wǒmen jié yíxià zhàng hǎo ma?
服：好，一共八十六元。

— 92 —

	Hǎo, yígòng bāshíliù yuán.
英夫:	给您。
	Gěi nín.
服:	（收钱后）欢迎再来。
	(Shōu qián hòu) Huānyíng zài lái.
英夫:	谢谢，一定来。
	Xièxie, yídìng lái.
服:	请走好，再见。
	Qǐng zǒu hǎo, zàijiàn.
英夫 美智子:	再见。
	Zàijiàn.

Lesson 9　　This Dish Tastes Pretty Good

(The waitress brings the dishes)

Waitress: This is sweet and sour fish and this is diced hot-pepper pork.

Hideo
Michiko: Thank you.

(The waitress leaves and then returns shortly after.)

Waitress: This is *Gulao* pork. This is *Yuxiang* shredded pork, beverages, and rice. Your order is now complete.

Hideo
Michiko: Thank you.

Waitress: You're welcome.

Hideo: Let's eat.

Michiko: Okay.

Hideo: Hey, this dish tastes pretty good.

Michiko: Really? Let me try.

Hideo: How is it?

Michiko: It is pretty good. This is *Gulao* pork, right?

Hideo:	Right.
Michiko:	Well, you like to eat sweet things too? I thought only women liked to eat sweet things.
Hideo:	Not really, a lot of men also like to eat sweet things.
Michiko:	What do you think about the sweet and sour fish?
Hideo:	It's really tasty. What do you think?
Michiko:	I like it very much too. Sweet and sour, the flavor tastes just right.
Hideo:	Have you tried the diced hot-pepper pork yet?
Michiko:	I tried it but it's too bad it's so hot. I don't dare eat it.
Hideo:	I'm not afraid of the spice so I really like this dish. (They ate for awhile.)
Michiko:	I'm already full. What about you?
Hideo:	I can't eat any more either. Let's ask the waitress for the bill.
Michiko:	Okay.
Hideo:	Miss, (the waitress walks over) can you give us the bill?
Waitress:	Sure, it's 86 yuan altogether.
Hideo:	Here you go.
Waitress:	(After she takes the money.) Please come again.
Hideo:	Thank you. We'll sure be back.
Waitress:	Please take care. Bye-bye.
Hideo Michiko	Goodbye.

第9課　この料理はおいしいよ

(ウエートレスが料理を運んできた)
ウエートレス：こちらが糖醋魚、こちらが辣子肉丁でございます。
英、美：ありがとう。

（ウエートレスはテーブルを離れるとしばらくしてまたやってきた）
ウ： こちらが酢豚、こちらが魚香肉絲でございます。こちらお飲みものとご飯です。以上でご注文の品は全てそろいました。
英、美；ありがとう。
ウ： どういたしまして。
英： 食べようか。
美： ええ。
英： この料理はなかなかおいしいよ。
美： ほんと？食べてみるわ。
英： どう？
美： ほんとにおいしいわ。これ酢豚でしょ？
英： そうだよ。
美： どうしてあなたも甘いのが好きなの？甘いものって女だけが好きなのかと思ってたわ。
英： そんな事ないさ。甘いものが好きな男だって結構いるよ。
美： この糖醋魚はどう？
英： すごくおいしいよ。君はどう思う？
美： 私も好きよ。甘酸っぱさが口に合うわ。
英： この辣子肉丁は食べた？
美： ええ、でも辛すぎて残念だけど食べられないわ。
英： 僕は辛いのは平気だから、この料理大好きなんだ。
　　　　　　（しばらく食べる）
美： 私はもうおなか一杯。あなたは？
英： 僕ももう食べられない。清算しようか。
美： ええ。
英： すみません。（ウエートレスがやって来る）清算してもらえますか？
ウ： はい。86元になります。

英： はい、これ。
ウ： （お金を受け取り）またお越し下さい。
英： ありがとう、また必ず来ます。
ウ： お気をつけて。さようなら。
英、美：さようなら。

词 语

1. 端　（动）duān　　　carry something level with both hands
　　　　　　　　　　　両手で捧げる
2. 离开（动）líkāi　　　leave
　　　　　　　　　　　離れる
3. 饮料（名）yǐnliào　　drinks, beverages
　　　　　　　　　　　飲みもの
4. 齐　（形）qí　　　　complet
　　　　　　　　　　　そろう
5. 味道（名）wèidào　　taste, flavor
　　　　　　　　　　　味
6. 尝　（动）cháng　　 taste
　　　　　　　　　　　味わう、味をみる
7. 以为（动）yǐwéi　　 think(often erroneously)
　　　　　　　　　　　思う、思いこむ
8. 只有…才 zhǐyǒu…cái　only
　　　　　　　　　　　ただ～しか、～だけが
9. 好吃（形）hǎochī　　good to eat, tasty, delicious
　　　　　　　　　　　おいしい、うまい
10. 可口（形）kěkǒu　　suits one's taste, palatable

				口に合う
11.	盘	（量）	pán	measure word for plate
				（一）皿
12.	可惜	（形）	kěxi	too bad, it's a pity
				惜しい、残念である
13.	敢	（动）	gǎn	dare
				勇気がある、自信がある
14.	怕	（动）	pà	fear
				恐れる
15.	所以	（连）	suǒyi	therefore, so
				それゆえ、だから
16.	饱	（形）	bǎo	full
				満腹している
17.	结帐	（动）	jiézhàng	add up the bill, pay the bill
				清算する
18.	收	（动）	shōu	receive
				受け取る

注 释

① 是不错

"是"在这里表示同意他人的看法。

② 怎么，…?

"怎么"后边接一个句子时，表示对某种情况感到奇怪。

③ 哪儿啊，…

表示不同意对方的看法或想法。

④ 吃不下了

意思是已经吃饱了，不能再吃了。

英语注释

① 是不错

是 here expresses agreement with someone else's opinions.

② 怎么，…?

When 怎么 appears in front of a sentence, it indicates the speaker finds the situation unusual or strange.

③ 哪儿啊，…

哪儿啊 expresses the speaker's disagreement with the opinion just stated.

④ 吃不下了

吃不下了 means one is already full and cannot eat any more.

日 语 注 释

①是不错

"是"とは、ここでは人の考え方に同意するということを表す。

②怎么……？

"怎么"の後に文をつなぐと、ある情况に対し奇妙に感じることを表す。

③哪儿啊，……

相手のものの見方や考え方に同意できない、ということを表す。

④吃不下了

もうおなかが一杯で、これ以上食べられないことを表す。

练 习

一、完成下列对话:

1.甲：这个菜的味道_____。
  乙：_____。
2.甲：我不敢_____。
  乙：_____。
3.甲：你怕不怕_____。
  乙：_____。
4.甲：_____吃饱_____？
  乙：_____。
5.甲：_____吃不下_____，你呢？
  乙：_____，吃得下。
6.甲：_____多少钱？
  乙：一共_____。
7.甲：_____？
  乙：_____可口。

二、仿照例句进行对话：
  1.怎么，…？
    例：甲：我们来点儿啤酒吧？
        乙：我不要啤酒，我要可乐。
        甲：怎么，你不喜欢喝啤酒？
        乙：不太喜欢。
  2.…以为…
    例：甲：你怎么不吃这个菜？
        乙：这个菜太辣了。
        甲：我以为你也喜欢吃辣的。
  3.哪儿啊…
    例：甲：你的汉语说得真好。
        乙：哪儿啊，还差得远呢。
  4.…觉得…
    例：甲：你觉得这个菜味道怎么样？
        乙：味道还可以，但是有点儿淡。

5. …尝过…

例：甲：你尝过这盘菜了吗？
　　乙：还没尝过。

三、用下列词语谈论饭菜的味道。

咸、淡、酸、甜、辣、香、腻、鲜美、可口

四、根据下列情景进行会话。（三个同学一组）

1.你邀请一个朋友去中国餐馆吃饭。

（一个同学是服务员，另一个同学是朋友。）

分四部分：

① 邀请朋友。
② 跟朋友点菜。
③ 跟朋友评论菜的味道。
④ 跟服务员算帐。

2.你在一个中国朋友家做客后回到房间，向你的同学介绍自己在中国朋友家吃的饭菜，这些饭菜是用什么做的？这些菜的味道怎样？

五、请告诉我…

1. 你吃过哪些中国菜?
2. 你最喜欢哪些菜? 这些菜是用什么做的? 味道怎样?
3. 中国菜和你们国家的菜比起来, 有些什么不同?

补充词语

1. 咸　（形）　xián　　　　salty, salted
　　　　　　　　　　　　塩辛い

2. 淡　（形）　dàn　　　　not salty enough, bland
　　　　　　　　　　　　味が薄い

3. 香　（形）　xiāng　　　savoury, appetizing
　　　　　　　　　　　　おいしい

4. 鲜美（形）　xiānměi　　delicious, tasty
　　　　　　　　　　　　味が非常によい

5. 可口（形）　kěkǒu　　　tasty
　　　　　　　　　　　　口に合う

6. 肥肉　　　　féiròu　　　fat meat
　　　　　　　　　　　　脂身

7. 瘦肉　　　　shòuròu　　lean meat
　　　　　　　　　　　　赤身

8. 腻　（形）　nì　　　　　greasy, oily
　　　　　　　　　　　　油っこくてくどい

9. 盐　（名）　yán　　　　salt
　　　　　　　　　　　　塩

10. 酱油（名） jiàngyóu soy sauce, soy
醬油
しょうゆ

11. 醋 （名） cù vinegar
酢
す

第10课　　请帮助我……

(一)

露西：老师！
　　　Lǎoshī!

老师：哦，你有事儿吗？
　　　Ó, nǐ yǒu shìr ma?

露西：对，我想麻烦您一件事儿。
　　　Duì, wǒ xiǎng máfan nín yí jiàn shìr.

老师：什么事儿？
　　　Shénme shìr?

露西：我的汉语发音不太准确，您什么时间有空儿，帮助我纠正一下儿，可以吗？
　　　Wǒ de Hànyǔ fāyīn bú tài zhǔnquè, nín shénme shíjiān yǒu kòng, bāngzhù wǒ jiūzhèng yíxiàr, kěyǐ ma?

老师：当然可以。什么时间好呢？
　　　Dāngrán kěyǐ. Shénme shíjiān hǎo ne?

露西：除了上课以外，其它什么时间都可以，请您安排吧。
　　　Chúle shàngkè yǐwài, qítā shénme shíjiān dōu kěyǐ, qǐng nín ānpái ba.

老师：那好①，你们的课程表给我看看。
　　　Nà hǎo, nǐmen de kèchéngbiǎo gěi wǒ kànkàn.

露西：好，这就是②。
　　　Hǎo, zhè jiùshì.

老师：哦，明天下午我没事儿，你也没有课，那就安排在明天下午好吗？
　　　Ó, míngtiān xiàwǔ wǒ méi shìr, nǐ yě méiyǒu kè, nà jiù ānpái zài míngtiān xiàwǔ hǎo ma?

露西：好，几点钟？
　　　Hǎo, jǐ diǎnzhōng?

—103—

老师：两点半好吗？就在这个教室。

Liǎng diǎn bàn hǎo ma? Jiù zài zhège jiàoshì.

露西：好，老师，麻烦您了。

Hǎo, lǎoshī, máfan nín le.

老师：没关系，明天见。

Méi guānxi, míngtiān jiàn.

露西：明天见。

Míngtiān jiàn.

(二)
(第二天在教室)
(Dì èr tiān zài jiàoshì)

老师：除了zh、ch、sh以外，其他的音问题不大。发zh、ch、sh时，舌头再往后卷一点就好了。你再发一下试试。

Chúle zh、ch、sh yǐwài, qítā de yīn wèntí bú dà. Fā zh、ch、sh shí, shétou zài wǎnghòu juǎn yì diǎnr jiù hǎo le. Nǐ zài fā yí xiàr shìshi.

露西：好。zh、ch、sh，对吗？

Hǎo. zh、ch、sh, duì ma?

老师：好点儿了，回去还要多练习。另外你的声调发音也要注意，第三声比较高，接近二声，还需要注意。

Hǎo diǎnr le, huíqu hái yào duō liànxí. Lìngwài nǐde shēngdiào fāyīn yě yào zhùyì, dì sān shēng bǐjiào gāo, jiējìn èr shēng, hái xūyào zhùyì.

露西：好。耽误您这么多时间，非常感谢[3]。

Hǎo. Dānwu nín zhème duō shíjiān, fēicháng gǎnxiè.

老师：没关系[4]，以后有什么要我帮助的，尽管告诉我好了。

Méiguānxi, yǐhòu yǒu shénme yào wǒ bāngzhù de, jǐnguǎn gàosu wǒ hǎo le.

露西：好的。

Hǎo de.

老师： 再见。
　　　Zàijiàn.

露西： 再见。
　　　Zàijiàn.

Lesson 10　　Could You Please Help Me...

(1)

Lucy: Teacher.
Teacher: Oh, is something the matter?
Lucy: Yes, I want to ask you for a favor.
Teacher: What is it?
Lucy: My Chinese pronunciation is not very accurate, could you help correct my pronunciation when you have some free time?
Teacher: Of course I can. When's a good time?
Lucy: Besides class periods, any other time is good for me. Please arrange a time.
Teacher: Well, then show me your class schedule.
Lucy: Okay, this is it.
Teacher: Oh, I don't have any plans tomorrow afternoon and you don't have any class, so let's arrange a meeting tomorrow afternoon.
Lucy: Sure, at what time?
Teacher: How about 2:30? In this classroom.
Lucy: All right. I'm sorry to trouble you, teacher.
Teacher: No problem. See you tomorrow.
Lucy: See you tomorrow.

(2)

(The next day in the classroom)

Teacher: With the exception of zh, ch, sh, you won't have much of a problem with the other sounds. When you pronounce zh, ch, sh, curl your tongue toward the back a little more. Try pronouncing them again.
Lucy: Okay. zh, ch, sh, is it correct?
Teacher: It's better but you must practice more when you go back home. In addition, you also have to pay attention to your tones. The third tone is relatively high. It's close to the second tone. You need to pay more attention to them.
Lucy: Okay. I've held up a lot of your time. Thank you very much.
Teacher: It was nothing. If you need my help in the future, feel free to tell me.
Lucy: All right.
Teacher: Goodbye.
Lucy: Bye.

第10課　どうか手伝って下さい

（一）

ルーシー：先生。
先生：あら、何ですか？
ル：　ちょっとお願いしたい事があるんですが。
先：　どんな事ですか？
ル：　中国語の発音が不正確なので、先生のお暇なときに発音の矯正を手伝っていただきたいのですが。

先： もちろんいいですよ。いつがいいですか？
ル： 授業の時以外だったらいつでも構いません。先生が決めて下さい。
先： いいでしょう。時間割を見せて下さい。
ル： はい、これですが。
先： ええと、明日の午後は何もないし、あなたも授業がないから明日の午後にしましょうか。
ル： はい。何時ですか？
先： 2時でいいですか？この教室で。
ル： はい。お手数おかけします。
先： いいんですよ。また明日ね。

(二)
(翌日、教室にて)

先： Zh、Ch、Shの他は、ほとんど問題ありませんね。Zh、Ch、Shを発音するときは、舌の先を後ろに少し巻けばいいんですよ。もう一度言ってごらんなさい。
ル： はい。Zh、Ch、Sh、いいでしょうか？
先： 少し良くなりました。帰ってからももっと練習して下さいね。それから声調にも気をつけて、三声が高くて二声に近くなっているから注意しなさい。
ル： はい。お時間とっていただいて本当にありがとうございました。
先： 構いませんよ。これからも手伝う事があったらどんどん言って下さい。
ル： はい。
先： さようなら。
ル： さようなら。

—107—

词　语

1. 发音　（名）　fāyīn　　　　pronunciation
   発音
2. 准确　（形）　zhǔnquè　　　precise, accurate
   正しい、正確な
3. 纠正　（动）　jiūzhèng　　　correct, rectify
   正す、改める
4. 当然　（形）　dāngrán　　　of course, naturally
   当然な
5. 除了…以外　chúle…yǐwài　　besides…, except for…
   ～以外、～の外に
6. 安排　（动）　ānpái　　　　arrange
   割りふりする、段どりをする
7. 课程表（名）　kèchéngbiǎo　class schedule
   時間割
8. 其他　（代）　qítā　　　　　other
   その他
9. 问题　（名）　wèntí　　　　problem
   問題
10. 发　　（动）　fā　　　　　utter, say
    発する
11. 舌头　（名）　shétou　　　tongue
    舌
12. 卷　　（动）　juǎn　　　　curl
    卷く
13. 练习　（动）　liànxí　　　practice
    練習する
14. 另外　（代）　lìngwài　　　in addition, also
    別に、はかに

15.	接近	(动)	jiējìn	come close to, approach
				接近する、近づく
16.	需要	(动)	xūyào	need
				必要とする、~しなければならない
17.	耽误	(动)	dānwù	delay, hold up
				てまどる、支障をきたす
18.	尽管	(副)	jǐnguǎn	feel free to, don't hesitate to
				かまわず、どんどん

注 释

① 那好
　表示同意对方的提议，也可以说"那好吧"。
② 这就是
　相当于"你要的东西在这儿"，"给你"。
③ 非常感谢
　表示感谢的话有程度的不同，"谢谢"是一般表示感谢的话，"非常感谢"，"太感谢你了"，'真是太感谢你了，语气较强。
④ 没关系
　回答感谢的话可以是"别客气"、不客气"、"不用谢"、"没关系"，"没什么等。

英语注释

① 那好
　那好 expresses one's agreement with the suggestion just stated. One can also say 那好吧.

—109—

② 这就是

这就是 is comparable to 你要的东西在这儿 (Here is what you wanted) or 给你 (Here you are).

③ 非常感谢你

When thanking someone, one can express different levels of gratitude. 谢谢(Thank you) is a usual expression of thanks, while 非常感谢你, 太感谢你了, 真是太感谢你了, all of which mean "thank you very much," are more emphatic.

④ 没关系

Chinese has many equivalents to the English "you're welcome," such as 别客气, 不客气(both literally "don't put on guest airs"), 不用谢 (No need for thanks), 没关系, 没什么(It was nothing), etc.

日 语 注 释

①那好

相手の提案に同意することを表す。"那好吧"ともいえる。

②这就是

"你要的东西在这儿"（あなたの必要としているものはここです）"给你"（あなたにあげます、どうぞ）とほぼ同じ意味。

③非常感谢你

感謝の表現には程度の差がある。"谢谢"は一般的な表現で、"非常感谢"，"太感谢你了"，"真是太感谢你了"となると語気が強くなる。

④没关系

感謝表現に対する答え方には"别客气"，"不客气"，"不用谢"，"没关系"，"没什么"などがある。

练 习

一、完成下列对话：
　　1.甲：麻烦你……
　　　乙：……
　　2.甲：请帮助我……
　　　乙：……
　　3.甲：……
　　　乙：除了……以外，……
　　4.甲：……，另外……
　　　乙：……
　　5.甲：……
　　　乙：……，尽管……

二、根据提示完成下面的对话：
　　甲：你现在有空儿吗？
　　乙：……　　（表示有空儿）
　　甲：帮我修一下自行车好吗？
　　乙：……　　（表示同意）
　　甲：　　　　（表示抱歉）
　　乙：（修车）车修好了。
　　甲：……　　（表示感谢）
　　乙：……　　（表示不用谢）

三、根据下列情景进行会话：
　　（两个同学一组）

—111—

1. 一个同学去书店买书,你正好也要买一本字典,但是没有时间去,你请同学帮助带一本。

分两部分:
① 请求帮助买书。
② 买回字典后表示感谢。

2. 你准备搬到一个新的宿舍,东西很多,所以请另一个同学帮忙。

分三部分:
① 请求同学帮助搬东西。
② 和同学一起搬东西。
③ 搬完东西后表示感谢。

四、你知道吗?
1. 中国人请人帮助时常常怎么说?
2. 中国人对别人的帮助表示感谢时常常怎么说?

五、请告诉我……
1. 你来中国以后,请别人帮助过吗?来中国以前呢?是什么事情?
2. 你帮助过别人吗?是什么事情?

补充词语

1. 修　　　（动）　xiū　　　　　repair
　　　　　　　　　　　　　　　修理する
2. 自行车（名）　zìxíngchē　　bike
　　　　　　　　　　　　　　　自転車
3. 书店　　（名）　shūdiàn　　book store
　　　　　　　　　　　　　　　本屋
4. 准备　　（动）　zhǔnbèi　　prepare
　　　　　　　　　　　　　　　準備する
5. 帮忙　　（动）　bāngmáng　help
　　　　　　　　　　　　　　　助ける
6. 感谢　　（动）　gǎnxiè　　　thank
　　　　　　　　　　　　　　　感謝する
7. 谢什么　　　　　xiè shénme　don't mention it
　　　　　　　　　　　　　　　どういたしまして
8. 别客气　　　　　bié kèqi　　don't mention it,
　　　　　　　　　　　　　　　you're welcome.
　　　　　　　　　　　　　　　遠慮しないでください

—113—

第 11 课　　我们一块儿去玩吧

张强：这个周末你怎么过？
　　　Zhège zhōumò nǐ zěnme guò?
英夫：我打算出去玩儿。
　　　Wǒ dǎsuàn chūqu wánr.
张：　北京可玩的地方①很多，你都去过哪儿了？
　　　Běijīng kě wánr de dìfang hěn duō, nǐ dōu qùguo nǎr le?
英夫：故宫、天坛、北海、颐和园还有……
　　　Gùgōng、Tiāntán、Běihǎi、Yíhéyuán háiyǒu……
张：　哟，你去过了不少地方啦！
　　　Yō, nǐ qùguo le bùshǎo dìfang la!
英夫：北京的名胜古迹太多了。
　　　Běijīng de míngshèng gǔjì tài duō le.
张：　你认为哪儿的风景最美？
　　　Nǐ rènwéi nǎr de fēngjǐng zuì měi?
英夫：当然是颐和园！我是上个周末去的。那天我穿过长廊，爬上了万寿山。
　　　Dāngrán shì Yíhéyuán! Wǒ shì shàng ge zhōumò qù de. Nà tiān wǒ chuān guo Chángláng, páshang le Wànshòushān.
张：　从山上看昆明湖才漂亮呢②！
　　　Cóng shānshang kàn Kūnmínghú cái piàoliàng ne!
英夫：可不是吗③！
　　　Kě búshì ma!
张：　你去过颐和园的苏州街吗？
　　　Nǐ qùguo Yíhéyuán de Sūzhōujiē ma?
英夫：苏州街？
　　　Sūzhōujiē?
张：　就是万寿山后山的买卖街。
　　　Jiù shì Wànshòushān hòu shān de mǎimai jiē.

英夫： 听说过，但没去过。
Tīngshuō guo, gàn méi qùguo.

张： 我也没去过，咱们这个周末一起去吧!
Wǒ yě méi qùguo, zánmen zhèige zhōumò yìqǐ qùba!

英夫： 那太好了!
Nà tài hǎo le!

（二人来到颐和园苏州街）
(Èr rén lái dào Yíhéyuán Sūzhōu jiē)

英夫： 这儿为什么叫苏州街呢?
Zhèr wèishénme jiào Sūzhōujiē ne?

张： 清朝乾隆皇帝[4]特别喜欢江南水乡，所以在他母亲过75岁生日以前，让人按照苏州[5]的风格建了一条商业街。
Qīngcháo Qiánlóng huángdì tèbié xǐhuan Jiāngnán shuǐxiāng, suǒyǐ zài tā mǔqin guò qīshiwǔ suì shēngri yǐqián, ràng rén ànzhào Sūzhōu de fēnggé jiàn le yì tiáo shāngyè jiē.

英夫： 我去过苏州。这里真有点儿像苏州。
Wǒ qùguo Sūzhōu, zhèlǐ zhēn yǒudiǎnr xiàng Sūzhōu.

张： 130年前，这条街被大火烧了以后，直到前几年才重新修复。
Yì bǎi sān shi nián qián, zhè tiáo jiē bèi dàhuǒ shāole yǐhòu, zhídào qián jǐ nián cái chóngxīn xiūfù.

英夫： 哦，这儿真美，山青水绿，水中还有倒影。
Ò, zhèr zhēnměi, shānqīng shuǐlǜ, shuǐ zhōng hái yǒu dàoyǐng.

张： 就像画一样。
Jiù xiàng huàr yíyàng.

英夫： 这儿的售货员穿的衣服挺怪的。
Zhèr de shòuhuòyuán chuān de yīfu tǐng guài de.

张： 那是清代的服装[6]。
Nà shì Qīng dài de fúzhuāng.

英夫： 我们先进商店看看，出来再拍几张照片。

—115—

　　　　　Wǒmen xiān jìn shāngdiàn kànkan, chūlai zài pāi jǐ zhāng zhàopiānr.
张:　　好吧!
　　　　　Hǎo ba!

Lesson 11　　Let's Go Out Together

Zhang Qiang:　What do you plan to do this weekend?
Hideo:　　　　I plan to go out.
Zhang Qiang:　Beijing has many places that are worth going to. Which places have you been to?
Hideo:　　　　I've been to the Forbidden City, Temple of Heaven, Beihai Park, Summer Palace, and...
Zhang Qiang:　Oh, you've been to many places.
Hideo:　　　　Beijing has too many famous historical sites.
Zhang Qiang:　Which place do you think has the most beautiful scenery?
Hideo:　　　　Of coures it's the Summer Palace! I went last weekend. That day I passed through the long corridor and climbed the Longevity Hill.
Zhang Qiang:　The Kunming Lake must look extremely beautiful from the mountain!
Hideo:　　　　It sure does!
Zhang Qiang:　Have you been to the Suzhou Street in the Summer Palace?
Hideo:　　　　The Suzhou Street?
Zhang Qiang:　It's the market street behind Longevity Hill.
Hideo:　　　　I've heard about it but haven't been there yet.
Zhang Qiang:　I haven't been there either. Let's go together this

	weekend!
Hideo:	That'll be great!
	(The two of them arrive at the Suzhou Street in the Summer Palace.)
Hideo:	Why is this place called the Suzhou Street?
Zhang Qiang:	Emperor Qianlong of the Qing Dynasty especially liked the rivers and lakes of Southern China. So before his mother's 75th birthday, he ordered people to build a market street after the style of Suzhou.
Hideo:	I've been to Suzhou. This place really resembles Suzhou a little.
Zhang Qiang:	Ever since this street was burned down 130 years ago, it hasn't been renovated until a few years ago.
Hideo:	Oh, this place is really beautiful. Green hills and streams, there are even reflections in the water.
Zhang Qiang:	It's just like a painting.
Hideo:	The salespersons wear pretty strange clothing here.
Zhang Qiang:	That's the style of dress during the Qing Dynasty.
Hideo:	Let's go and browse through the stores first, then we'll take some pictures when we come out.
Zhang Qiang:	All right!

第11課　一緒に遊びに行こう

張強：今度の週末はどう過ごすの？

英夫：遊びに行くつもりだけど。

張：　北京にはたくさん行く価値のある所があるよ。どこへ行った事がある？

英：　故宮、天壇、北海、頤和園、それから…

張： ほう、結構行ってるね。
英： 北京は名所旧跡が本当に多いよ。
張： 君はどこの景色が一番だと思う？
英： そりゃもちろん頤和園だよ。先週行ったんだ。長廊も通ったし、万寿山にも登ったよ。
張： 山から眺める昆明湖はきれいだよなあ。
英： そうだな。
張： 頤和園の蘇州街へは行ったかい？
英： 蘇州街？
張： 万寿山の裏にある商店街だよ。
英： 聞いたことはあるけど行ったことはないな。
張： 僕もまだなんだ。週末一緒に行かないか。
英： それはいいね。
　　（2人は頤和園の蘇州街にやって来る）
英： ここはどうして蘇州街っていうんだい？
張： 清の乾隆帝が江南の水郷をとても気に入っていて、母親の75歳の誕生日の前に蘇州をまねた商店街を建てさせたんだ。
英： 蘇州へは行ったことがあるけど、ここは本当に蘇州みたいだ。
張： 130年前に火事で焼けてしまってそのままだったのを、何年か前に新しく修復したんだ。
英： 山水が本当にきれいだ。水面に影が映ってるよ。
張： 絵のようだな。
英： ここの店員は変わった服を着ているね。
張： あれが清代の服装なんだよ。
英： まず、店に入って見てみようよその後で写真をとろう。
張： いいよ。

词 语

1. 一块儿　　　　yíkuàir　　　　together
　　　　　　　　　　　　　　　　一緒に
2. 可(玩的)　　　kě（wánrde）　worth (enjoying)
　　　　　　　　　　　　　　　　～するに足る、十分～できる
3. 哟　　(叹)　　yō　　　　　　(expresses surprise)
　　　　　　　　　　　　　　　　ほう（感嘆詞）
4. 名胜　　　　　míngshèng　　places of historic interest and
　　古迹　　　　　gǔjì　　　　　scenic beauty
　　　　　　　　　　　　　　　　名所旧跡
5. 周末　(名)　　zhōumò　　　　weekend
　　　　　　　　　　　　　　　　週末
6. 穿(过)(动)　　chuān（guo）　pass through, walk through
　　　　　　　　　　　　　　　　突きぬける、通りすぎる
7. 怪　　(形)　　guài　　　　　strange
　　　　　　　　　　　　　　　　おかしい
8. 江南　　　　　jiāngnán　　　rivers and lakes of southern
　　水乡　　　　　shuǐxiāng　　 China
　　　　　　　　　　　　　　　　江南の水郷
9. 按照　(介)　　ànzhào　　　　according to, patterned after
　　　　　　　　　　　　　　　　～による、従う
10. 风格　(名)　 fēnggé　　　　style
　　　　　　　　　　　　　　　　風格、品格
11. 建　　(动)　 jiàn　　　　　build
　　　　　　　　　　　　　　　　建てる、作る
12. 商业街　　　 shāngyèjiē　　market street, business street
　　　　　　　　　　　　　　　　商店街、ビジネス街
13. 山青水绿　　 shānqīngshuǐlǜ　green hills and streams
　　　　　　　　　　　　　　　　山水の美しいさま

14.	倒影	（名）	dàoyǐng	inverted image reflected on water
				水に映った影
15.	拍	（动）	pāi	take (pictures)
				撮影する
16.	照片儿	（名）	zhàopiānr	picture, photograph
				写真

专　名

1.	故宫	Gùgōng	Forbidden City
			故宮
2.	天坛	Tiāntán	Temple of Heaven
			天壇
3.	北海	Běihǎi	Beihai Park
			北海
4.	颐和园	Yíhéyuán	Summer Palace
			頤和園
5.	长廊	Chángláng	The Long Corridor (in the Summer Palace)
			長廊
6.	万寿山	Wànshòushān	Longevity Hill
			万寿山
7.	昆明湖	Kūnmínghú	Kunming Lake
			昆明湖
8.	苏州	Sūzhōu	Suzhou (City)
			蘇州
9.	清朝	Qīngcháo	Qing Dynasty (1644–1911)
			清朝
10.	乾隆皇帝	Qiánlóng huángdì	Emperor Qianlong (reigned 1736–1796)
			乾隆皇帝

注　释

① 可玩儿的地方
　　"可"表示值得，多用于"可+动+的"。"可玩的地方"意思是值得去玩的地方。口语中类似的用法还有"可看的"、"可说的、"可参观的"、"可买的"...等等。
② ...才漂亮呢
　　"才漂亮呢"意思是非常漂亮。"才+形+呢"这种格式强调程度高，带有感叹的语气。
③ 可不是吗
　　表示完全同意对方的说法、看法。
④ 乾隆皇帝
　　清代的第四个皇帝，他的年号是"乾隆"。1735年至1796年在位。
⑤ 苏州
　　江苏省的一个市，有许多园林，有一条苏州河，两岸是商店或住房。
⑥ 清代服装
　　指清代的满族服装，男人穿长袍，妇女多穿旗袍。

英语注释

① 可玩儿的地方
　　可+verb+的 means "worthing". 可玩的地方 means "places worth going to to have fun". Colloquial Chinese has many similar expressions, such as 可看的 (worth seeing), 可说的(worth saying), 可参观的 (worth visiting), 可买的 (worth buying), etc.
② ...才漂亮呢
　　才漂亮呢 means "extremely beautiful". 才+adj+呢 emphasises

the great extent of the adjective, and has an exclamatory tone.

③ 可不是吗

可不是吗 express complete agreement with the opinion just expressed.

④ 乾隆皇帝

The forth emperor of the Qing Dynasty took the reign name 乾隆 (Qiánlóng). He reigned from 1735 to 1796.

⑤ 苏州

苏州 is a city in Jiangsu Province famous for its numerous gardens and the Suzhou River, the two banks of which are lined by shops and homes.

⑥ 清代服装

This is a reference to the Manchu style of dress prevalent in the Qing Dynasty. Men wore long gowns and women often wore *qipao*, a sheath with a slit skirt.

日 语 注 释

①可玩儿的地方

"可"は"……に値する"の意で、"可＋动词＋的"の型で用いられることが多い。"可玩的地方"は遊びにいく価値がある所という意味である。口語では類似した用法として"可看的"、"可说的"、"可参观的"などがある。

②……才漂亮呢

"才漂亮呢"は非常にきれいだ、という意味。"才＋形容词＋呢"の型は、程度が高いことを強調し、感嘆の語気をもつ。

③可不是吗

相手の見解や見方に完全に同意することを表す。

④乾隆皇帝

清代の第四代皇帝で、年号が"乾隆"であった。1735年から1796年まで60年間皇帝の座にいた。

⑤苏州

江蘇省の市の一つで、園林が多く、また蘇州河が流れていてその両岸には店や住居が立ち並んでいる。

⑥清代服装

清代の満州族の服装で、男性は長袍（丈の長い上着）女性は旗袍（ワンピース式の中国服、チヤイナドレス）を着ていた。

练 习

一、根据下列情景用指定词语对话：
1.甲问乙上个星期天是怎么过的，并谈这个星期天的打算。
（周末）
甲：_____
乙：_____
甲：_____
乙：_____

2.甲问乙某个旅游点的风景怎么样，乙谈自己去过的地方很好玩。
（才…呢）
甲：_____
乙：_____
甲：_____
乙：_____

3.甲向乙介绍某个地方值得去玩。　（可玩的）
甲：_____
乙：_____
甲：_____
乙：_____

4.甲、乙二人在一个小餐馆里谈论没什么好吃的东西。（可吃的）

　　甲：_____

　　乙：_____

5.甲、乙听说新开了一家商店，想去看看能买点儿什么。（可买的）

　　甲：_____

　　乙：_____

　　甲：_____

　　乙：_____

二、请试着说一组旅行时常用的词语：

三、请告诉我：

　　1.最近你打算去哪儿玩？

　　2.你去过中国的哪些地方？

　　3.在你去过的地方中，哪个地方最好玩，为什么？

　　4.你们国家什么地方最好玩，你常去那儿吗？

　　5.你都去过哪些国家，这些国家都有哪些特点？

四、你知道吗？

　　1.北京有什么可玩的地方？

　　2.颐和园的苏州街的名字是怎么来的？

　　3.颐和园的苏州街有什么特点？

五、围绕"谈旅行"的话题说一段对话。

补充词语

1. 爬山　（动）　páshān　　climb the mountain
　　　　　　　　　　　　　　山に登る

2. 游泳　（动）　yóuyǒng　　swim
　　　　　　　　　　　　　　水泳

3.	划船	（动）	huáchuán	row a boat
				舟を漕ぐ
4.	坐火车		zuò huǒchē	to take the train
				汽車に乗る
5.	硬卧	（名）	yìngwò	hard sleeper
				普通寝台
6.	软卧	（名）	ruǎnwò	soft sleeper
				1等車
7.	硬座	（名）	yìngzuò	hard seats
				普通車
8.	坐船	（动）	zuòchuán	to take a boat
				船に乗る

第 12 课 祝你生日快乐

露西: 我要去订个生日蛋糕，后天是安娜的生日。
Wǒ yào qù dìng ge shēngrì dàngāo, hòutiān shì Ānnà de shēngrì.

大卫: 正赶上周末，太好了。
Zhèng gǎnshang zhōumò, tài hǎo le.

露西: 咱们给她开个生日晚会怎么样？
Zánmen gěi tā kāi ge shēngrì wǎnhuì zěnmeyàng?

大卫: 好哇，不过在哪儿开好呢？宿舍房间太小了。
Hǎo wa, búguò zài nǎr kāi hǎo ne? Sùshè fángjiān tài xiǎo le.

露西: 就在咱们上课的教室好吗？
Jiù zài zánmen shàngkè de jiàoshì hǎo ma?

大卫: 我想不如在附近找个餐馆聚一下儿。
Wǒ xiǎng bùrú zài fùjìn zhǎo ge cānguǎn jù yíxiàr.

露西: 对，这是她的21岁生日，让她好好儿高兴高兴。
Duì, zhè shì tā de èrshiyī suì shēngrì, ràng tā hǎohāor gāoxìng gāoxìng.

大卫: 大家还可以准备几个小节目，到时候表演一下儿。
Dàjiā hái kěyǐ zhǔnbèi jǐ ge xiǎo jiémù, dào shíhou biǎoyǎn yíxiàr.

露西: 对了，餐馆一般几点关门？
Duì le, cānguǎn yìbān jǐ diǎn guānmén.

大卫: 不太清楚。
Bú tài qīngchu.

张强: 一般到晚上八点。
Yìbān dào wǎnshang bā diǎn.

露西: 那太早了。
Nà tài zǎo le.

张: 这样吧①，到我家去，吃长寿面②，我妈做的面条好吃着呢③！

Zhèyàng ba, dào wǒ jiā qu, chī chángshòumiàn, wǒ mā zuò de miàntiáo hǎochī zhe ne!

露西: 好是好，只是太麻烦了。

Hǎo shì hǎo, zhǐshì tài máfanle.

张: 没事儿，我爸爸妈妈早就听说过④你们，认识你们会非常高兴的。

Méi shìr, wǒ bàba māma zǎo jiù tīngshuō guo nǐmen, rènshi nǐmen huì fēicháng gāoxìng de.

露西: 那好吧，谢谢你的盛情邀请，就这样定了⑤吧。

Nà hǎo ba, xièxie nǐ de shèngqíng yāoqǐng, jiù zhèyàng dìng le ba.

大卫: 哎！咱们可以边吃边聊，边唱边跳，痛痛快快地玩一个晚上喽！

Ài! Zánmen kěyǐ biān chī biān liáo, biān chàng biān tiào, tòngtong kuàikuàide wánr yí ge wǎnshang lou!

露西: （向大卫）跟我一起去买蛋糕和蜡烛吧！

(Xiàng Dàwèi) Gēn wǒ yìqǐ qù mǎi dàngāo hé làzhú ba!

大卫: 好，听你的⑥。

Hǎo, tīng nǐ de.

（在生日晚会上，点起蜡烛，大家唱《祝你生日快乐》。）

(Zài shēngrì wǎnhuì shang, diǎnqǐ làzhú, dàjiā chàng 《Zhù nǐ shēngrì kuàilè》)

露西: （向安娜）祝你生日快乐！

(Xiàng Ānnà) Zhù nǐ shēngrì kuàile!

众人: （唱）祝你生日快乐，祝你生日快乐……

(Chàng) Zhù nǐ shēngrì kuàile, zhù nǐ shēngrì kuàile……

张: 你看，这面条多长，祝你永远幸福！

Nǐ kàn, zhè miàntiáo duō cháng, zhù nǐ yǒngyuǎn

xìngfú!
同学甲: 祝你健康长寿!
Zhù nǐ jiànkāng chángshòu!
安娜: 我太年轻了，不能这么说。
Wǒ tài niánqīng le, bù néng zhème shuō.
同学乙: 那祝你长命百岁!
Nà zhù nǐ chángmìng bǎisuì!
安娜: （开玩笑）我还想活102岁呢!
(Kāi wánxiào) Wǒ hái xiǎng huó yìbǎi líng èr suì ne!
大卫: 那么听我的，祝你如愿以偿!
Nàme tīng wǒ de, zhù nǐ rúyuàn yǐcháng!
安娜: 谢谢你们! 我永远不会忘记今天!
Xièxie nǐmen! Wǒ yǒngyuǎn búhuì wàngjì jīntiān!

Lesson 12　　Happy Birthday

Lucy:	I have to go and order a birthday cake. Anna's birthday is the day after tomorrow.
David:	Great, it falls right on the weekend.
Lucy:	How about planning a birthday party for her?
David:	Sure, but where can we have it? The dorm rooms are too small.
Lucy:	Let's just have it in our classroom.
David:	I think it's better to get together in a nearby restaurant.
Lucy:	You're right, this is her 21st birthday. We should make her really happy.
David:	We can also prepare a few small programs. When the time comes, we can perform them.
Lucy:	Oh, what time do restaurants usually close?

David:	I'm not too sure.
Zhang Qiang:	They generally close at 8 p.m.
Lucy:	Then it's too early.
Zhang Qiang:	Well, let's do this. Come to my house and we'll eat longevity noodles. The noodles my mother makes are so delicious!
Lucy:	It's a good idea but it's too much trouble.
Zhang Qiang:	It's not a problem. My parents have heard about all of you long ago. I'm sure they will be very happy to meet you.
Lucy:	Well, all right. Thank you for your generous invitation. Then, that's how we'll do it.
David:	Yeah! We can chat while we're eating and dance while we're singing. We'll have a great night!
Lucy:	(To David) Come with me to buy a cake and some candles!
David:	All right, I'll do as you say.
	(At the birthday party, the candles are lighted. Everyone sings *Happy Birthday*.)
Lucy:	(Says to Anna) Happy Birthday!
Everyone:	(Singing) Happy Birthday to you. Happy birthday to you...
Zhang Qiang:	Look how long this noodles is, I wish you eternal happiness!
A classmate:	I wish you good health and long life!
Anna:	I'm too young so you can't say that.
Another classmate:	Then, may you live to be one hundred!
Anna:	(Jokingly) But I wish to live till 102!
David:	Well, here's mine. May all your dreams come true!
Anna:	Thank you, everyone! I will never forget this day!

第12課　お誕生日おめでとう

ルーシー：バースディーケーキを予約しに行かなくちゃ。あさってアンナの誕生日なの。
ディヴィッド：ちょうど週末で良かった。
ルー：誕生日パーティーを開いてあげましょうよ。
デ：　いいね。でもどこで開いたらいいんだろう。宿舎の部屋じゃ狭すぎるよ。
ル：　授業で使っている教室はどう？
デ：　僕はこのあたりのレストランで集まる方がいいと思う。
ル：　そうね。彼女の21歳の誕生日だもの、楽しませてあげましょう。
デ：　皆で出しものを用意して披露してもいいな。
ル：　そうだ、レストランって普通は何時ごろ閉まるのかしら？
デ：　わからない。
張強：普通は夜8時ごろかな。
ル：　それじゃ早すぎるわ。
張：　こうしよう、僕の家で長寿麺を食べるんだ。母の手作りの麺はすごくおいしいんだよ。
ル：　それは素適だけど、ご迷惑じゃないかしら。
張：　大丈夫。父も母も君達の事はずっと前から聞いてるし、知り合いになれたらとても喜ぶよ。
ル：　それならば、喜んでご招待にあずかるわ。そういうことにしましょう。
デ：　よし、その晩は食べて、しゃべって、歌って、踊って、愉快に過ごそうよ。
ル：　（ディヴィッドに）一緒にケーキとろうそくを買いに行きましょうよ。

（パーティーにて。ろうそくに火を点して皆でハッピーバースディーを歌う）

ル： （アンナに）お誕生日おめでとう！
皆： （歌う）ハッピーバースディートゥユー、ハッピーバースディートゥユー
張： ほら、この長寿麺のようにずっと幸せでありますように！
クラスメート甲：健康で長生きしますように！
アンナ：私はまだ若いから、そんな風には言わないで！
クラスメート乙：それなら、100歳まで長生きしますように！
ア： （冗談で）私は102歳まで生きたいわ！
デ： 僕の番だ。君の願いがかないますように！
ア： みなさんありがとう！今日の事はずっと忘れないわ。

词　语

1. 祝	（动）	zhù	express good wishes, wish 祝う、祈る
2. 订	（动）	dìng	order 前もって決める、予約する
3. 正赶上		zhènggǎnshang	falls (occurs) right on... ちょうどぶつかる
4. 附近	（名）	fùjìn	nearby, in the vicinity 近所、附近
5. 餐馆	（名）	cānguǎn	cafeteria, restaurant レストラン、料理屋
6. 聚	（动）	jù	gather together 集まる
7. 让	（动）	ràng	make, allow ～させる

—131—

8. 节目	（名）	jiémù	item (on a program)
			演じるもの、出しもの
9. 表演	（动）	biǎoyǎn	perform
			上演する、芸を披露する
10. 关门	（动）	guānmén	close (end of business hours)
			閉める
11. 长寿面		chángshòumiàn	longevity noodles
			(eaten on birthdays)
			めん（長寿を願う）
12. 盛情		shèngqíng	great kindness, boundless hospitality
			ご親切、厚情
13. 邀请		yāoqǐng	invite
			招く、招待する
14. 哎	（叹）	ài	all right, yes
			よし（感嘆詞）
15. 点	（动）	diǎn	light (fire, candle, etc)
			火をつける
16. 蜡烛	（名）	làzhú	candle
			ろうそく
17. 幸福	（形名）	xìngfú	luck, good fortune
			幸福な、幸福
18. 如愿以偿		rúyuàn yǐcháng	achieve one's wishes
			思ったとおりになる、願いがかなう

注　释

① 这样吧

在经过协商、考虑后提出自己的意见或作出决定时用。"这样吧"

一般用在句首。
② 长寿面
中国人过生日时吃面条，表示祝愿长寿。
③ 好吃着呢
意思是很好吃。多用于口语。"（形）+着+呢"表示肯定的意思，有感叹的语气。如："长安街宽着呢!"、"学校大着呢!"。
④ 早就听说过
意思是很早以前就听说过了。又如："我早就准备好了"。
⑤ 就这样定了
作决定的常用语，表示按照刚才商量好的意思去做。
⑥ 听你的
意思是照你的意见办。也可以说"听我的"、"听大家的"……。

英语注释

① 这样吧
这样吧 is used to preface one's opinion or decision arrived at after discussion or contemplation. It is usually used at the beginning of sentences.
② 长寿面
长寿面 are eaten at birthdays to signify long life.
③ 好吃着呢
好吃着呢 means "very good-tasting". The "adj+着+呢" construction is frequently used in colloquial Chinese. It expresses an affirmative, exclamatory tone. For example 长安街宽着呢! (The Chang'an Avenue is really wide!) 学校大着呢! (The school is so big!)
④ 早就听说过
This means "I heard about it long ago." Similarly 我早就准备好了 means "I've prepared for a long time."

⑤ 就这样定了

就这样定了 is frequently used when arriving at decision, and means "Let's do it the way we just discussed," or "That's how we'll do it."

⑥ 听你的

听你的 means "to do something according to your (你的) suggestion." Compare 听我的(Do as I say) and 听大家的 (Do what everyone says).

日 语 注 释

①这样吧

協議や考慮の末、自らの意見を述べたり、決定を下したりするときに用いる。"这样吧"は一般に文頭に置かれる。

②长寿面

長生きするように、という意味で誕生日に食べるめん。

③好吃着呢

とてもおいしいの意。口語で多く用いられる。"形容词＋着＋呢"は肯定的な意味を表し、感嘆の語気をもつ。例："长安街宽着呢！"，"学校大着呢！"

④早就听说过

ずっと前にもう聞いたことがある、という意味。例えば、"我早就听说过"。

⑤就这样定了

決定を下すときよく用いる。今相談した通りにしましょう、という意味。

练 习

一、用下列短语或格式进行对话：
 1.甲：咱们_____怎么样？
   乙：_____
 2.甲：下星期_____怎么样？
   乙：_____
 3.甲：_____
   乙：我想_____不如_____
 4.甲：_____
   乙：他认为_____不如_____
 5.甲：_____
   乙：让_____好好_____
 6.甲：_____
   乙：好是好，只是_____
 7.甲：_____
   乙：我早就_____
 8.甲：_____
   乙：听你的_____
 9.甲：_____
   乙：别着急，到时候_____
 10.甲：_____
    乙：祝_____

二、请告诉我：
 1.哪位同学在这个月过生日？
 2.一般买的生日蛋糕上有字吗？都有什么字？
 3.你的好朋友过生日，你喜欢送什么礼物？
 4.你们国家过生日有什么风俗习惯，是否也要吃长寿面？
 5.在你们国家常对过生日的人说些什么祝贺的话？

三、按照规定的情景各说一段话：

1. 打电话邀请朋友来参加一位同学的生日晚会。
2. 一个同学要过生日,同学们商量怎样给他过生日。
3. 在生日晚会上。

第 13 课　　哪儿不舒服

（在医院门诊部）
（一）

大　夫：你哪儿不舒服[①]？
　　　　Nǐ nǎr bù shūfu?
美智子：感冒以后，这几天老觉得全身没劲儿，头疼，夜里咳嗽。
　　　　Gǎnmào yǐhòu, zhè jǐ tiān lǎo juéde quán shēn méi jìnr, tóuténg, yèli késou.
大　夫：吃饭好不好？
　　　　Chīfàn hǎo buhǎo?
美智子：不好，什么也不想吃[②]。
　　　　Bù hǎo, shénme yě bù xiǎng chī.
大　夫：哦，先量一下儿体温。
　　　　Ò, xiān liáng yíxiàr tǐwēn.
美智子：（试表后）不发烧，36度8。
　　　　(Shì biǎo hòu) Bù fāshāo, sānshí liù dù bā.
大　夫：张开嘴，看看嗓子。（检查后）嗓子红，有点儿发炎。
　　　　Zhāngkai zuǐ, kànkan sǎngzi. (Jiǎnchá hòu) sǎngzi hóng, yǒudiǎnr fāyán.
美智子：我也觉得嗓子疼。
　　　　Wǒ yě juéde sǎngzi téng.
大　夫：（拿起听诊器）我听一听。（听诊后）肺没问题。
　　　　(Náqǐ tīngzhěnqì) Wǒ tīng yi tīng, (Tīng zhěn hòu) Fèi méi wèntí.
美智子：不用打针吧？我怕打针。
　　　　Búyòng dǎzhēn ba? Wǒ pà dǎzhēn.
大　夫：感冒还没全好，我给你开点儿药。
　　　　Gǎnmào hái méi quán hǎo, wǒ gěi nǐ kāi diǎnr yào.
美智子：不想吃饭是怎么回事？

—137—

|||||| Bù xiǎng chīfàn shì zěnme huí shì?
大　夫：问题不大③，感冒好了，吃饭也就香了④。先去取药，过两天如果还不好，再来看。
　　　　Wèntí bú dà, gǎnmào hǎole, chīfàn yě jiù xiāng le. Xiān qù qǔ yào, guò liǎng tiān rúguǒ hái bù hǎo, zài lái kàn.
美智子：谢谢大夫。再见。
　　　　Xièxie dàifu. Zàijiàn.
大　夫：再见。
　　　　Zàijiàn.

(二)

大　夫：请坐，你怎么啦？
　　　　Qǐng zuò, nǐ zěnme la?
英　夫：肚子疼，头晕。
　　　　Dùzi téng, tóuyūn.
大　夫：恶心吗？
　　　　Ěxin ma?
英　夫：不。
　　　　Bù.
大　夫：你常常头晕吗？
　　　　Nǐ chángcháng tóu yūn ma?
英　夫：最近坐车，头老晕。
　　　　Zuìjìn zuò chē, tóu lǎo yūn.
大　夫：过去有晕车的毛病吗？
　　　　Guòqù yǒu yūn chē de máobìng ma?
英　夫：没有。现在我都怕坐车了，可我又喜欢出去玩？怎么办呢？
　　　　Méiyǒu. Xiànzài wǒ dōu pà zuò chē le, kě wǒ yòu xǐhuan chūqu wánr, zěnmebàn ne?
大　夫：精神不必过分紧张。还有，不要空腹坐车。
　　　　Jīngshén búbì guòfèn jǐnzhāng. Háiyǒu, bú yào kōngfù zuò

英　夫： che.
是吗？我坐车之前，一般不敢吃东西。
Shì ma? Wǒ zuò chē zhī qián, yībān bù gǎn chī dōngxi.

大　夫： 要照常吃，饿了更容易晕车。
Yào zhàocháng chī, è le gèng róngyì yùnchē.

英　夫： 有人说上车前吃点儿茶叶，也能防晕车，是吗？
Yǒu rén shuō shàng chē qián chī diǎnr cháyè, yě néng fáng yùnchē, shì ma?

大　夫： 你可以试试，我给你开点儿药。
Nǐ kěyǐ shìshi, wǒ gěi nǐ kāi diǎnr yào.

英　夫： 好，谢谢。
Hǎo, xièxie.

Lesson 13　What's the Matter with You?

(1) (At the Hospital Clinic)

Doctor: What's the matter?

Michiko: Ever since I caught a cold, I constantly feel I have no energy these days. I have a headache, and cough at night.

Doctor: Are you eating well?

Michiko: No, I don't feel like eating anything.

Doctor: Oh, I'll take your temperature first. (After taking her temperature) No fever. 36.8 degrees. Open your mouth, let me look at your throat. (After examining) Your throat is red and it's a little inflamed.

Michiko: I also feel my throat hurting.

Doctor: (Holds up a stethoscope) Let me listen. (After listening) No problems in the chest region.

Michiko: Do I need to get a shot? I'm afraid of shots.

Doctor: You haven't completely recovered from your cold so I'll prescribe some medicine for you.
Michiko: Why is it that I don't feel like eating anything?
Doctor: The problem is not serious. Once you recover from your cold, you will regain your appetite. First, get your prescription filled. If you're still not well after two days, come back and see me again.
Michiko: Thank you, Doctor. Goodbye.
Doctor: Bye.

(2)

Doctor: Please have a seat. What's the matter with you?
Hideo: My stomach hurts and I feel dizzy.
Doctor: Do you feel nauseous?
Hideo: No.
Doctor: Do you often feel dizzy?
Hideo: Just recently, I always feel dizzy when I ride in a car.
Doctor: Have you had this problem before?
Hideo: No. Now I'm afraid to ride in a car but I like to go out. What should I do?
Doctor: You mustn't be overly stressed. Also, don't ride in a car on an empty stomach.
Hideo: Really? Normally, I'm afraid to eat before riding in a car.
Doctor: You have to eat as usual. You're more prone to getting carsick when your're hungry.
Hideo: Some people said that eating some tea leaves before getting into a car can also prevent carsickness. Is that true?
Doctor: You can try it. I'll prescribe some medicine for you.
Hideo: Okay, thank you.

第13課　どこが具合悪いですか

（一）病院の外来診察室にて

医師：どこが具合が悪いんですか？
美智子：風邪をひいて、ここ何日かずっと身体がだるいんです。頭も痛いし、夜にはせきが出ます。
医：食欲はありますか？
美：いえ、何も食べたくないんです。
医：うーん、まず体温を計ってみましょう。
美：（体温を計って）熱はありません。36.8度です。
医：口を開けてのどを見せて下さい。（調べて）のどが赤いですね、少し炎症をおこしています。
美：私ものどが痛いと思っていたんです。
医：（聴診器を手にして）ちょっと聞いてみましょう。（聴診後）肺の方は問題ありませんね。
美：注射はしなくていいですよね、こわくて……。
医：風邪が完治していませんから、薬を出しておきましょう。
美：食欲がないのはどういう事ですか？
医：それはあまり問題ありません。風邪が良くなれば食事もおいしくとれるようになりますよ。それじゃ薬を取りに行って下さい。2、3日して良くならないようでしたら、またいらっしゃい。
美：ありがとうございました。さようなら。
医：さようなら。

（二）

医：おかけになって下さい。どうしました？
英：おなかが痛くて、めまいがします。
医：吐き気は？
英：ありません。

医： よくめまいがするんですか？
英： 近頃は車に乗るといつもめまいがします。
医： 昔、車に酔うたちでしたか？
英： いいえ。今は車に乗るのがこわいんです。でも遊びに出かけるのは好きなんですが。どうしたらいいでしょう？
医： 緊張しすぎるのはよくありませんよ。それから空腹時には車に乗らないように。
英： そうなんですか。私は車に乗る前には（こわくて）物を食べる気になれないんですが。
医： いつも通り食べるようにして下さい。おなかがすいているとよけい酔いやすいですから。
英： 車に乗る前に少しお茶の葉を食べると、車酔いにきくって聞いたんですが。
医： 試してみてもいいでしょう。薬を出しますね。
英： ありがとうございました。

词 语

1. 门诊部　　ménzhěnbù　　clinic
　　　　　　　　　　　　外来診察部

2. 没劲儿　　méijìnr　　　have no energy, have no strength
　　　　　　　　　　　　力がない、だるい

3. 头疼　　　tóuténg　　　headache
　　　　　　　　　　　　頭が痛い

4. 夜里　　　yèli　　　　 at night, during the night
　　　　　　　　　　　　夜中、夜

5. 咳嗽（动）késou　　　 cough
　　　　　　　　　　　　せきをする

6.	量	(动)	liáng	measure
				量る、測る、計る
7.	体温	(名)	tǐwēn	(body) temperature
				体温
8.	试表		shìbiǎo	take someone's temperature
				体温を計る
9	发烧	(动)	fāshāo	run a fever
				熱がある
10.	嗓子	(名)	sǎngzi	throat
				のど
11.	发炎	(动)	fāyán	inflamed; inflammation
				炎症をおこす
12.	听	(动)	tīng	listen
				聞く
13.	肺	(名)	fèi	chest region
				肺
14.	打针	(动)	dǎzhēn	have a shot, give an injection
				注射をする
15.	开药		kāiyào	write a prescription, prescribe medicine
				薬を出す、処方せんを書く
16.	取药		qǔyào	get medicine, fill a prescription
				薬を受け取る
17.	头晕		tóu yūn	feel dizzy, lightheaded
				頭がくらくらする、めまいがする
18.	恶心	(动)	ěxin	feel nauseous
				吐き気がする
19.	毛病	(名)	máobìng	problem, defect, shortcoming
				弱点、病気
20.	过分	(形)	guòfèn	excessive, unduly

—143—

21.	空腹	kōngfù	on an empty stomach いきすぎる 空腹
22.	照常	zhàocháng	as usual いつも通り、平常通り

注　释

① 哪儿不舒服

"哪儿不舒服"是常问病人的话,有的也问"怎么啦?"

② 什么也不想吃

"什么"是"无论什么"的意思。"什么也不想吃"意思是指不论什么东西也不想吃。又如:"什么地方也不想去",意思是哪儿也不想去。

③ 问题不大

意思是说"问题不严重。"

④ ……,也就……

表示在某种条件下自然会出现的情况。比如:"病好了,精神也就好了"。

英语注释

① 哪儿不舒服

Often used to ask a patiant. 怎么啦 can also be used in this case.

② 什么也不想吃

什么 means 无论什么(No matter what). 什么也不想吃 means "I don't want to eat anything." Similarly, 什么地方也不想去 means "I don't want to go anywhere."

③ 问题不大

问题不大 means the same as 问题不严重 (The problem is not serious).

④ …, 也就…

This construction is used to express that under the conditions described in the first clause, the conditions described in the second clause will naturally follow. For example, 病好了, 精神也就好了 (Once he's over his illness, his spirits will improve.)

日 语 注 释

①哪儿不舒服

"哪儿不舒服"は病人に対する問いかけの言葉としてよく用いられる。"怎么啦？"と聞く場合もある。

②什么也不想吃

"什么"は"何であろうが"という意味。"什么也不想吃"とはどんなものであろうと食べたくないという意。また、"什么地方也不想去"はどこにも行きたくないの意。

③问题不大

問題は深刻ではない、という意。

④……, 也就……

ある条件の下で自然と現れる情況を表す。例："病好了, 精神也就好了"。

练 习

一、请说一说：
  1.什么时候会有这种不舒服的感觉：
    ①老觉得全身没劲儿
    ②肚子疼
    ③老头疼

—145—

④咳嗽
⑤老容易头晕
2.什么时候会有这种情况:
①什么也不想吃
②什么也不想买
③什么也不想说
④什么也不想做
⑤什么也不想玩

二、看图完成对话:
1.

医生:＿＿＿＿＿＿＿＿
病人:＿＿＿＿＿＿＿＿

2.

医生:＿＿＿＿＿＿＿＿
病人:＿＿＿＿＿＿＿＿

3.　　　　　　　　　　4.

医生：_____
病人：_____

医生：_____
病人：_____

三、完成对话：
　1.甲：最近感冒了，吃饭不香。
　　乙：感冒好了也就_____
　2.甲：这两天我老头晕。
　　乙：睡觉好了也就_____
　3.甲：我真不愿意打针。
　　乙：不发炎了也就_____
　4.甲：他想去检查一下儿身体，因为他老担心自己有病。
　　乙：检查完身体也就_____

四、请告诉我：
　1.你得过什么病？
　2.如果感冒了，你有什么感觉？
　3.要是睡眠不够，你会有什么感觉？
　4.身体有些不舒服时，一般你怎么处理？

5.你去中国医院看病时有哪些担心?

五、想一想,说一说:
　　1.在中国医院看病和在你本国看病,有什么不同?
　　2.中医和西医有什么不同?
　　3.你相信中医吗,为什么?

第14课　　我的进步不小

露西: 今天我特别高兴。
Jīntiān wǒ tèbié gāoxìng.
大卫: 什么事让你这么高兴?
Shénme shì ràng nǐ zhème gāoxìng?
露西: 今天老师讲的故事,我基本上都听懂了。
Jīntiān lǎoshī jiǎng de gùshi, wǒ jīběnshang tīngdǒng le.
大卫: 我也是。
Wǒ yě shì.
露西: 刚开始上课的时候,老师讲的话我只能听懂百分之四十。
Gāng kāishǐ shàngkè de shíhou, lǎoshī jiǎng de huà wǒ zhǐ néng tīngdǒng bǎi fēnzhī sìshí.
大卫: 我念课文也念得结结巴巴的。
Wǒ niàn kèwén yě niàn de jiējiebābā de.
露西: 老师一问问题,我就又紧张又着急。
Lǎoshī yí wèn wèntí, wǒ jiù yòu jǐnzhāng yòu zháojí.
大卫: 我也跟你一样。
Wǒ yě gēn nǐ yíyàng.
露西: 说实在的,汉语语法不算太复杂,可是要学好声调真够难的[1]。
Shuō shízài de, Hànyǔ yǔfǎ bú suàn tài fùzá, kěshì yào xué hǎo shēngdiào zhēn gòu nán de.
大卫: 没错儿[2],特别是第二声和第四声。
Méicuòr, tèbié shì dì èr shēng hé dì sì shēng.
露西: 第三声变调也挺难掌握。
Dì sān shēng biàndiào yě tǐng nán zhǎngwò.
大卫: 难是难,可一定得学好。老师不是说[3],声调念得不准,意思就变了吗?
Nán shì nán, kě yídìng děi xué hǎo. Lǎoshī bú shì shuō, shēngdiào niàn de bù zhǔn, yìsi jiù biàn le ma?

—149—

露西: 你还记得安娜说她闹过的笑话吗?
Nǐ hái jì de Annà shuō tā nào guo de xiàohua ma?

大卫: 什么笑话?
Shénme xiào hua?

露西: 有人问她:"你想你的妈妈吗?"她回答:"我不像我妈妈,我像我爸爸。"听的人很奇怪。
Yǒu rén wèn tā:"Nǐ xiǎng nǐ de māma ma?"Tā huí dá:"Wǒ bú xiàng wǒ māma, wǒ xiàng wǒ bàba. Tīng de rén hěn qí guài."

大卫: 对,她把"想"和"像"的音弄错了,不少初学汉语的人都会闹笑话的。
Duì, tā bǎ "xiǎng" hé "xiàng" de yīn nòng cuò le. Bùshǎo chū xué Hànyǔ de rén dōu huì nào xiàohua de.

露西: 我现在上课说话还有点儿不大胆,总怕说错。
Wǒ xiànzài shàngkè shuōhuà hái yǒu diǎnr bú dàdǎn, zǒng pà shuō cuò.

大卫: 怕什么,我们的老师不会笑话我们的。
Pà shénme, wǒmen de lǎoshī búhuì xiàohua wǒmen de.

露西: 老师是够耐心的。
Lǎoshī shì gòu nàixīn de.

大卫: 我们班有的同学汉字写得很漂亮。
Wǒmen bān yǒude tóngxué Hànzì xiě de hěn piàoliang.

露西: 对日本人来说[4],写汉字、看汉字不成问题[5]。可是对欧美同学来说,就不容易了。
Duì Rìběnrén lái shuō, xiě Hànzì, kàn Hànzì bù chéng wèntí. kěshì duì Ōu Měi tóngxué lái shuō, jiù bù róngyì le.

大卫: 可不[6],不少字都像画儿一样,有时真不知道从哪儿下笔。
Kěbú, bù shǎo zì dōu xiàng huàr yíyàng, yǒushí zhēn bù zhīdao cóng nǎr xiàbǐ.

露西: (背诵)先横后竖,从上到下,从左到右,先外边后里边,先中间后两边。

(Bèisòng) Xiān héng hòu shù, cóng shàng dào xià, cóng zuǒ dào yòu, xiān wàibian hòu lǐbian, xiān zhōngjiànr hòu liǎng biānr.

大卫： 还有，先进去再关门，比如"国"字。
Háiyǒu, xiān jìnqu zài guānmén, bǐrú "guó" zì.

露西： 看样子，咱们都有收获。
Kànyàngzi, zánmen dōu yǒu shōuhuò.

大卫： 对，可以说⑦收获很大，进步不小。
Duì, kěyǐ shuō shōuhuò hěn dà, jìnbù bù xiǎo.

Lesson 14   I Have Improved Quite a Bit

Lucy: I'm especially happy today.
David: What's making you this happy?
Lucy: Today, I basically understood everything of the story told by our teacher.
David: Me too.
Lucy: When I first started class, I only understood 40 percent of what the teacher said.
David: I also stuttered when I read the lessons.
Lucy: Every time the teacher asked a question, I became nervous and I also panicked.
David: I was the same as you.
Lucy: Honestly speaking, Chinese grammer is not considered too complex. But it is extremely difficult to learn the tones right.
David: You're right, especially the second and fourth tones.
Lucy: The third tone exception is pretty hard to grasp too.
David: It is difficult but we must learn it correctly. Didn't the teacher say that if you don't say the tones accurately, the meaning will change?

—151—

Lucy:	Do you still remember when Anna told a joke about the time she made a fool of herself?
David:	What joke?
Lucy:	Someone asked her, "Do you miss your mother?" She answered, "I don't look like my mother, I look like my father." The person who heard this felt very strange.
David:	Right, she made a mistake and pronounced xiǎng (to miss) as xiàng (to look like). Quite a few beginners in Chinese will make fools of themselves.
Lucy:	I'm still not bold enough when I speak in class. I'm always afraid that I'll say something wrong.
David:	What are you afraid of? Our teacher won't laugh at us.
Lucy:	The teacher is very patient.
David:	Some students in our class write Chinese characters so beautifully.
Lucy:	From a Japanese student's perspective, writing and reading Chinese characters shouldn't be a problem. However, from the perspectives of European and American students, it's not that easy.
David:	Of course, many of the words all look like pictures. I don't even know how to begin writing sometimes.
Lucy:	(Recites from memory) First the horizontal stroke, then the vertical stroke. From top to bottom and from left to right. First the outside, then the inside. First the center, then the two sides.
David:	Also, go in first, then close the door. For example, the word 国.
Lucy:	It seems that we've all made gains.
David:	Right, we can say that we've reaped a lot of results and made quite a bit of progress.

第14課　大いに進歩しました

ル：今日はとても嬉しいの。
デ：何かいい事でもあったの？
ル：今日の先生のお話、ほとんど聞きとれたのよ。
デ：僕もだ。
ル：授業が始まったばかりのころは、先生のおっしゃってる事の4割ぐらいしかわからなかったわ。
デ：教科書を読むときもどもりがちだった。
ル：先生に質問されると緊張したり、あせったりしたわ。
デ：僕も同じだよ。
ル：実際のところ、中国語の文法ってそんなに複雑じゃないけれど、声調が本当に難しいわ。
デ：そのとおりだ。特に2声と4声は……。
ル：3声の変調だってマスターするのは大変よ。
デ：確かに難しいけど、どうしてもマスターしなきゃ。先生もおっしゃってたじゃないか。声調が不正確だと意味も変わってくるって。
ル：アンナの失敗談覚えてる？
デ：どんな失敗談？
ル：「お母さんが恋しくないですか？」って聞かれたときに、「私は母似じゃなくて父似です。」って答えたのよ。聞き手は奇怪に思うわよね。
デ：うん、アンナは"想"と"像"の音を聞き違えたんだね。中国語を習いたての人には失敗談がつきものさ。
ル：私、今も授業で話すときにまだ少しびくびくするの。言い間違えないかとこわくて。
デ：そんなこと、先生が僕らを笑いものにするわけがないよ。

—153—

ル：先生はとても辛抱強いわ。
デ：僕らの班に漢字を書くのが上手な人がいるよね。
ル：日本人にとって、漢字を見たり書いたりするのは問題ないのよ。でも欧米人には大変よね。
デ：ほんとだよ。絵みたいな字がたくさんあるし、どこから書き始めたらいいのかわからない時があるよ。
ル：（暗唱する）横のあとにたて、上から下、左から右、外側のあとに内側、中のあとに両側。
デ：それから、先に中に入って後で門を閉じる。"国"の字みたいに。
ル：どうやら、私たち2人とも成果があったようね。
デ：うん。大いに成果と進歩があったといえるな。

词　语

1. 故事　（名）　gùshi　　　story
　　　　　　　　　　　　　　物語、話
2. 基本上（副）　jīběnshang　basically, on the whole
　　　　　　　　　　　　　　大体、ほとんど
3. 结巴　（形）　jieba　　　 stammer, stutter
　　　　　　　　　　　　　　どもる、どもりがちちな
4. 算　　（动）　suàn　　　 count as, be considered
　　　　　　　　　　　　　　〜とする、みなす
5. (第)　三声变调　(dì)sān shēng biàn diào　the 3rd tone exception rule by which 3rd-tone characters become 2nd tone when followed by another 3rd-tone character
　　　　　　　　　　　　　　第三声の変調（三声が続いた

場合、前の三声は二声に変わる）

6. 掌握 (动) zhǎngwò master, become proficient in
掌握する、マスターする

7. 笑话 (动、名) xiàohua laugh at, ridicule; joke, jest
笑い話、笑いものにする

8. 闹笑话 nàoxiàohua make a fool of oneself
こっけいな過ちをおかす、失敗する

9. 不少 bùshǎo not a few, many
少なくない、多い

10. 初学 chūxué begin to learn; a beginner
初めて学ぶ

11. 大胆 dàdǎn brave, bold
大胆である

12. 总 (副) zǒng always
いつも

13. 耐心 (形、名) nàixīn patient
我慢強い、辛抱強い

14. 下笔 (动) xiàbǐ set pen to paper, begin to write
筆をおろす、文や絵を書きはじめる

15. 背诵 (动) bèisòng recite from memory
暗誦する、朗唱する

16. 横 (名) héng horizontal stroke (in calligraphy)
横

17. 竖 (名) shù vertical stroke
たて

—155—

18. 比如　（动）　　　bǐrú　　　　for example
　　　　　　　　　　　　　　　　例えば

19. 看样子　　　　　　kànyàngzi　it looks as if, it seems
　　　　　　　　　　　　　　　　見たところでは、どうやら

20. 收获　（动、名）　shōuhuò　　harvest, results, gains
　　　　　　　　　　　　　　　　収穫、成果

21. 进步　（形、名）　jìnbù　　　progress
　　　　　　　　　　　　　　　　進步的な、進步

注　释

① 够难的

"够"用在形容词前表示程度很高,词组后面多加"的"。"够难的"意思是非常难。

② 没错儿

"没错儿"是口语中常用的应答语。表示肯定对方说的情况或看法。意思是"对"、"是的"。

③ 老师不是说…

"老师不是说…"是反问句,强调老师曾经说过。如:"你不是说过…"意思是说"你已经说过了…"。

④ 对…来说

表示从某人、某事的角度来看。

⑤ 不成问题

意思是"没有问题",表示某事比较容易解决。

⑥ 可不

"可不"同"可不是"一样,表示肯定。

⑦ 可以说

意思是"可以这样说"。

英语注释

① 够难的

够 when used before an adjective means "very," "extremely." 的 is often added after the adjective. 够难的 means "very difficult."

② 没错儿

没错儿 is a frequently used reply. It confirms that what has just been spoken is correct. 对 and 是的 mean the same thing in this context.

③ 老师不是说…

老师不是说… is a rhetorical question "didn't the teacher say…?" which really means "The teacher said…."

④ 对…来说

对…来说 means "from …'s perspective."

⑤ 不成问题

不成问题 means 没有问题 (No problem), indicating the matter can be easily resolved.

⑥ 可不

可不 is the same as 可不是. Both are affirmative responses.

⑦ 可以说

可以说 means 可以这样说 (One could put it like this).

日　语　注　释

①够难的

　"够"は形容詞の前につけて程度が高いことを表し、単語の後に"的"を加えることが多い。"够难的"はとても難しいという意味。

②没错儿

　"没错儿"は口語でよく用いられる応答語である。相手の言った

ことや見方を肯定することを表す。"对"、"是的"（そうだ）の意。

③老师不是说……吗?

"老师不是说……吗"は反語で、先生がもうすでに言った、ということを強調している。例えば、"你不是说过……吗"の意味は"もうすでに言ったではないか"である。

④对……来说

ある人、ある事の角度からいえば、という意。

⑤不成问题

"問題ない"という意味で、ある事柄が比較的解決しやすいことを表す。

⑥可不

"可不"は"可不是"と同じで、肯定を表す。

⑦可以说

"（このように）言うことができる"の意。

练 习

一、用指定词语完成对话:

甲: 老师刚才讲的你听懂了吗?

乙: ＿＿＿＿＿＿＿＿＿＿(基本上)

甲: 刚开始上课时,你能听懂多少?

乙: ＿＿＿＿＿＿＿＿＿＿(百分之…)

甲: 你怕老师提问题吗?

乙: ＿＿＿＿＿＿＿＿＿＿(一…就…)

甲: 以前你念课文念得怎么样?

乙: ＿＿＿＿＿＿＿＿＿＿(结结巴巴)

甲: 你觉得汉语语法复杂吗?

乙: ＿＿＿＿＿＿＿＿＿＿(不算…)

甲：汉语的声调挺难的,是不是?
乙：_____(够…的)
甲：汉字难写吗?
乙：_____(对…来说)

二、根据你的情况选择回答:
1. 老师在课堂上讲的话你能听懂吗?
   a. 基本上能听懂　　　　b. 基本上听不懂
   c. 一点儿也听不懂　　　d. 能听懂一点儿
2. 老师在课堂上讲的话你能听懂多少?
   a. 40%　　　　　　　　b. 60%
   c. 80%　　　　　　　　d. 90%
3. 你认为你自己念课文念得怎么样?
   a. 结结巴巴　　　　　　b. 比较流利
   c. 挺流利的　　　　　　d. 不怎么流利
4. 老师提问的时候你有什么感觉?
   a. 有点儿紧张　　　　　b. 不怎么紧张
   c. 又紧张又着急　　　　d. 一点儿也不紧张
5. 上课时你说话的情况怎么样?
   a. 有点儿不大胆　　　　b. 不怕别人笑话
   c. 总怕说错　　　　　　d. 抢着说

三、想一想、说一说:
1. 你觉得汉语难学吗？什么地方难?
2. 最近你的汉语有哪些进步?
3. 怎样才能把汉语学好？老师为什么老让学生多说?

第15课　　我喜欢用筷子

〔张强和大卫共进晚餐，边吃边谈〕
(Zhāng Qiáng hé Dàwèi gòng jìn wǎncān, biān chī biān tán)

张　强：我用刀叉还不习惯，你别见笑。
　　　　Wǒ yòng dāo chā hái bù xíguàn, nǐ bié jiànxiào.

大　卫：就像我开始用筷子一样。
　　　　Jiù xiàng wǒ kāishǐ yòng kuàizi yíyàng.

张　强：你现在用得不错了。
　　　　Nǐ xiànzài yòng de búcuò le.

大　卫：还不怎么熟练。不过，至少可以用它夹菜吃饭了。
　　　　Hái bù zěnme shúliàn. Búguò, zhìshǎo kěyǐ yòng tā jiā cài chīfàn le.

张　强：比我用刀叉切肉排好多了①。
　　　　Bǐ wǒ yòng dāo chā qiē ròupái hǎo duō le.

大　卫：我了解中国，就是从筷子开始的。
　　　　Wǒ liǎojiě Zhōngguó, jiù shì cóng kuàizi kāishǐ de.

张　强：是吗？说说看②。
　　　　Shì ma? Shuōshuo kàn.

大　卫：我认为用筷子，代表中国人的一种饮食文明。我学会用它，感到很自豪。
　　　　Wǒ rènwéi yòng kuàizi, dàibiǎo Zhōngguórén de yì zhǒng yǐnshí wénmíng. Wǒ xuéhuì yòng tā, gǎndào hěn zìháo.

张　强：怪不得那么多外国朋友都要学习用筷子呢！
　　　　Guàibude nàme duō wàiguó péngyou dōu yào xuéxí yòng kuàizi ne!

大　卫：在用筷子的过程中，不但对筷子而且对中国人也产生了一种特殊的感情。
　　　　Zài yòng kuàizi de guòchéng zhōng, búdàn duì kuàizi érqiě duì Zhōngguórén yě chǎnshēng le yì zhǒng tèshū de

gǎnqíng.

张　强： 有人说，美国前总统尼克松访华用的筷子，已经在美国收藏家的手里了。
Yǒu rén shuō, Měiguó qián zǒngtǒng Níkèsōng fǎng Huá yòng de kuàizi, yǐjing zài Měiguó shōucángjiā de shǒuli le.

大　卫： 听说了。对了③，去年，我在上海还参观了上海民间藏筷馆呢！
Tīngshuō le. Duì le, qùnián wǒ zài Shànghǎi hái cānguān le Shànghǎi Mínjiān Cángkuàiguǎn ne!

张　强： 哦，还真有这样的展览馆？我听我妈说过，还不太相信呢！
Ò, hái zhēn yǒu zhèyàng de zhǎnlǎnguǎn? Wǒ tīng wǒ mā shuōguo, hái bú tài xiāngxìn ne!

大　卫： 真的，那里收藏了古今中外600多种1000多双筷子呢。
Zhēn de, nàli shōucáng le gǔ jīn zhōngwài liù bǎi duō zhǒng yì qiān duō shuāng kuàizi ne.

张　强： 听你这么一说，连我对筷子也有特殊感情了。
Tīng nǐ zhème yì shuō, lián wǒ duì kuàizi yě yǒu tèshū gǎnqíng le.

大　卫： 说到筷子④，我想中国人吃饭的习惯也很有意思，几双筷子都伸向一个盘子里，显得大家的关系很亲密。
Shuō dao kuàizi, wǒ xiǎng Zhōngguórén chīfàn de xíguàn yě hěn yǒuyìsi, jǐ shuāng kuàizi dōu shēn xiàng yí ge pánzi li, xiǎnde dàjiā de guānxi hěn qīnmì.

张　强： 也有缺点，不怎么卫生，所以现在提倡用公筷⑤。
Yě yǒu quēdiǎn, bù zěnme wèishēng, suǒyǐ xiànzài tíchàng yòng gōng kuài.

大　卫： 对，这是好办法。中国人请客，总喜欢给客人夹菜⑥。
Duì, zhè shì hǎo bànfǎ. Zhōngguórén qǐngkè, zǒng xǐhuan gěi kèren jiā cài.

张　强： 我看还是自助餐好，自己爱吃什么选什么。
Wǒ kàn háishì zìzhùcān hǎo, zìjǐ ài chī shénme xuǎn shénme.

大　卫： 自助餐是有优点。不过我能理解中国人对客人的热情，对了，中国人喜欢请客人吃饺子也是表示热情吧？
Zìzhùcān shì yǒu yōudiǎn. Búguò wǒ néng lǐjiě Zhōngguórén duì kèren de rèqíng. Duìle, Zhōngguórén xǐhuan qǐng kèren chī jiǎozi yě shì biǎoshì rèqíng ba?

张　强： 对，大家一起包，边包边聊，边聊边吃，热热闹闹。
Duì, dàjiā yìqǐ bāo, biān bāo biān liáo, biān liáo biān chī, rèrènàonào.

大　卫： 没错儿，主人和客人像一家人似的。
Méicuòr, zhǔrén hé kèren xiàng yì jiā rén shìde.

张　强： 特别是过春节的时候，更显得有节日气氛。
Tèbié shì guò ChūnJié de shíhou, gèng xiǎnde yǒu jiérì qìfēn.

大　卫： 我发现中国人还喜欢劝酒[7]。
Wǒ fāxiàn Zhōngguórén hái xǐhuan quàn jiǔ.

张　强： 客人喝得越多，主人越高兴。
Kèren hē de yuè duō, zhǔrén yuè gāoxìng.

大　卫： 所以我每次去做客，都怕喝醉了。
Suǒyǐ wǒ měi cì qù zuò kè, dōu pà hēzuì le.

Lesson 15   I Like to Use Chopsticks

(Zhang Qiang and David are having dinner together. They chat while they're eating.)

Zhang Qiang:　I'm still not used to using a knife and a fork so don't laugh at me.

David:	It's just like when I first started to use chopsticks.
Zhang Qiang:	Now you can use them pretty well.
David:	I'm still not really skillful yet. But at least I can use them to pick up food during meals.
Zhang Qiang:	It's a lot better than the way I use a knife and a fork to slice steaks.
David:	My understanding of China began with chopsticks.
Zhang Qiang:	Really? Why don't you talk about it.
David:	I thought using chopsticks represented a kind of Chinese culture. I felt very proud after I learned how to use them.
Zhang Qiang:	No wonder so many foreigners want to learn how to use chopsticks!
David:	During the process of learning how to use chopsticks, a person not only develops a kind of special feeling for chopsticks but also for the Chinese people.
Zhang Qiang:	Some people say that the chopsticks the American former President Nixon used during his visit to China are already in the hands of an American collector.
David:	I've heard too. Oh, yeah, last year I even visited the Popular Shanghai Chopstick Museum.
Zhang Qiang:	Oh, this kind of museum really exists? I've heard my mother say this before but I really didn't believe her.
David:	Really. They've collected more than 600 kinds and over 1,000 pairs of chopsticks, from ancient to modern and from Chinese to foreign.
Zhang Qiang:	Now that I've listened to you, even I have special feelings for chopsticks.
David:	Speaking of chopsticks, I think the eating habits of the Chinese are also very interesting. Many pairs of

	chopsticks all stretched out toward one plate, looking as though every one has close relationships with one another.
Zhang Qiang:	This also has some drawbacks. It's not very sanitary, so now we promote the use of serving chopsticks.
David:	Right, this is a good idea. When the Chinese people invite guests over, they always like to pick up food for their guests.
Zhang Qiang:	I still think self-serve meals are better. You can choose whatever you like to eat.
David:	There are advantages to self-serve meals but I can understand the Chinese people's enthusiasm for their guests. Oh, yeah. The Chinese like to invite their guests to eat dumplings. This is also a show of hospitality, right?
Zhang Qiang:	Right. Everyone wraps together. They chat while they're wrapping, eat while they're chatting. So lively.
David:	You're right. The hosts and the guests are like one family.
Zhang Qiang:	Especially during the Spring Festival, the holiday spirit seems to increase more.
David:	I've discovered that the Chinese also like to urge guests to drink during meals.
Zhang Qiang:	The more the guests drink, the happier the hosts are.
David:	This is why every time I'm a guest, I'm afraid I'll get drunk.

第15課　箸を使うのが好きなんだ

（張強とデヴィッドが話しながら夕食をとっている）
張：笑わないでほしいんだけど、僕は今だにナイフとフォークが使い慣れないんだ。
デ：僕が箸を使い始めたときと同じだよ。
張：今はうまいじゃないか。
デ：まだそれ程慣れてもいないよ。でも、少なくともはさんで食べることはできるな。
張：僕がナイフとフォークでステーキを切るのよりは、はるかにうまいよ。
デ：僕の中国に対する理解は箸から始まったんd。
張：そうなの？話してみろよ。
デ：箸を使う事は、中国人の一種の食文化だと思うのさ。箸を使えるようになって我ながらえらいと思うんだよ。
張：道理で箸の使い方を練習する外国人が多いんだ。
デ：箸を使うようになって、箸にだけでなく中国人に対しても特別な感情を持つようになった。
張：元アメリカ大統領のニクソンが訪中した際使った箸が、アメリカのコレクターの所にもうあるらしいよ。
デ：聞いた事がある。そうだ、去年上海で民間箸博物館を見てきたよ。
張：へえ、本当にそんな博物館があるの？母から聞いた事があったけど、信じられなかったんだよ。
デ：本当なんだ。そこには古今東西の600種類以上の箸が千組もあるんだ。
張：君の話を聞いていると、僕まで箸に特別な思いを感じてきたよ。
デ：箸についてだけど、僕は中国人の食習慣がとても面白いと思うん

だ。一つの皿に何本もの箸が伸びているのは親密さが表れているように見えるよ。
張：いい所ばかりじゃないさ。あまり衛生的でないから、今では取り箸を使うように提唱されているんだ。
デ：うん、それもいい方法だな。中国人は食事に招くと客に料理をとり分けてあげるのが好きだね。
張：僕はやっぱりセルフサービスがいいな。自分の食べたいものを選べばいいし。
デ：セルフサービスもいいけど、中国人の客に対する熱意が伝わっていいよ。そうだ、中国人が客に餃子を食べてもらおうとするのも熱意の表れなんでしょ？
張：うん。皆で一緒にしゃべりながら包んだり、食べたり、わいわいできるからね。
デ：そうだね、主人もお客も家族みたいだ。
張：特に春節のときは、ますますお祭り気分が盛り上がる。
デ：中国人は酒を勧めるのも好きだよな。
張：客が飲めば飲むほど、主人は嬉しいのさ。
デ：だから、およばれの時は飲みすぎが怖いんだ。

　　　　　　　　　词　语

1. 筷子　（名）　　kuàizi　　　　chopsticks
　　　　　　　　　　　　　　　　はし

2. 习惯　（动）　　xíguàn　　　 get used to
　　　　　　　　　　　　　　　　習慣になる、慣れる

3. 见笑　　　　　 jiànxiào　　　laugh at me
　　　　　　　　　　　　　　　　（自分を）笑いものにする

4. 熟练　（形）　　shúliàn　　　 proficient, skilled
　　　　　　　　　　　　　　　　熟練している、手慣れている

5. 至少　（副）　zhìshǎo　　at least, at the very least
　　　　　　　　　　　　　　少なくとも

6. 夹　　（动）　jiā　　　　press from both sides,
　　　　　　　　　　　　　　pick up (with chopsticks)
　　　　　　　　　　　　　　はさむ

7. 切　　（动）　qiē　　　　cut, slice
　　　　　　　　　　　　　　刃物で切る

8. 肉排　（名）　ròupái　　 steak
　　　　　　　　　　　　　　ステーキ

9. 代表　（名）　dàibiǎo　　represent
　　　　　　　　　　　　　　代表する

10. 饮食　（名）　yǐnshí　　food and drink, diet
　　　　　　　　　　　　　　飲食

11. 文明　（名、形）wénmíng　civilization, culture; civilized
　　　　　　　　　　　　　　文化、文明

12. 自豪　（形）　zìháo　　　be proud of
　　　　　　　　　　　　　　誇る、自ら誇りに思う

13. 过程　（名）　guòchéng　process, course
　　　　　　　　　　　　　　過程

14. 特殊　（名、形）tèshū　　special, exceptional, peculiar
　　　　　　　　　　　　　　特殊な、特別な

15. 收藏家　　　　shōucángjiā　collector
　　　　　　　　　　　　　　収集家、コレクター

16. 民间　　　　　mínjiān　　popular, folk
　　　　　　　　　　　　　　民間

17. 藏筷馆　　　　cángkuàiguǎn　chopstick collection museum
　　　　　　　　　　　　　　箸の博物館

18. 收藏　（动）　shōucáng　　collect
　　　　　　　　　　　　　　収集する、コレクションする

19.	古今中外	gǔ jīn zhōng wài	from ancient to modern, Chinese to foreign—always and everywhere 古今東西
20.	伸向	shēnxiàng	stretch towards ～に向かって伸びる
21.	显得 (动)	xiǎnde	look, seem, appear ～のように見える、思われる
22.	缺点 (名)	quēdiǎn	draw back, weakness 欠点、短所
23.	优点 (名)	yōudiǎn	strong point, advantage 長所
24.	气氛 (名)	qìfen	atmosphere 気分、雰囲気
25.	劝酒	quànjiǔ	urge someone to drink 酒をすすめる

专 名

1.	尼克松	Níkèsōng	Nixon ニクソン
2.	上海	Shànghǎi	Shanghai 上海

注 释

① 好多了

"…多了"用于比较，表示情况有很大改变。"好多了"意思是比过去好了很多。又如："现在进城方便多了"。

② 说说看

"看"用在动词（重叠）后表示试试。又如："你想想看"、"我问问看可以不可以"。

③ 对了…

"对了"作插入语。常用在下列两种情况下：

(1). 当对方说话时，突然想起来某事。比如：

甲：明天有口语课。

对了，我还没准备好对话呢。

(2). 想转换话题时，中间插入"对了"显得自然。

比如："那么我们明天一起去吧！对了，还有一件事要问问你。"

④ 说到筷子

"说到"是"说起…"的意思。

⑤ 公筷

"公筷"指一起吃饭的人往自己的盘子里夹菜时共同使用的筷子。

⑥ 给客人夹菜

中国人招待客人时，为客人夹菜表示热情。

⑦ 劝酒

中国人在饭桌上劝人喝酒，表示热情好客。

英语注释

① 好多了

…多了 is used in comparison to express that conditions have changed greatly. 好多了 means that it is much better than before. 现在进城方便多了 means "it's much more convenient to go into town now".

② 说说看

看 used after a reduplicated verb means "give it a try." Other examples include: 你想想看(try to think of it) and 我问问看可以不可以 (I'll ask and see if it's okay.)

③ 对了…

对了 is an interjection often used in the two following situations.

(1) When in the midst of conversation a thought suddenly occurs to you:

  A: 明天有口语课。(We have spoken Chinese tomorrow.)
  B: 对了，我还没准备好对话呢。(Oh right, I still haven't prepared the conversation.)

(2) To change the subject:

"那么我们明天一起去吧！对了，还有一件事要问问你。"
("In that case let's go together tomorrow! Oh yeah, there's something else I need to ask you.")

④ 说到筷子

说到… means 说起…(Speaking of …).

⑤ 公筷

公筷 refers to one pair of chopsticks that everyone uses to dish up food, the Chinese equivalent of the serving spoon.

⑥ 给客人夹菜

To show enthusiasm, a Chinese host often dishes up food for the guest.

⑦ 劝酒

To show enthusiasm and hospitality, Chinese hosts often press guests to drink during a meal.

日 语 注 释

①好多了

"……多了"は比較に用いて、情况が大きく変わったことを表す。"好多了"は前と比べてずっとよくなったという意。例えば、"现在进城方便多了。"

②说说看

"看"は動詞を重ねた後ろに用いて、試してみるという意を表す。

例:"你想想看"、"我问问看可以不可以"。

③对了……

"对了"は挿入語で、次のような場合に多く用いられる。

（1）相手が話している途中で突然ある事を思い出したとき。

　　　甲:明天有口语课。

　　　乙:对了,我还没准备好对话呢。

（2）話題を変えたいときに、"对了"を間に挿入すると自然になる。

　　　例:"那么我们明天一起去吧! 对了,还有一件事要问问你"。

④说到筷子

"说到"は"……のことを話す、……のことに触れる"の意。

⑤公筷

"公筷"とは食事を共にする人々が自らの取り皿に料理を取るときに共同で使うはしのこと。

⑥给客人夹菜

中国人は客を招待するとき、料理をとり分けてあげて熱意を示す。

⑦劝酒

中国人は食卓で客に酒をすすめることで心からのもてなしを表す。

练 习

一、用指定词语或格式完成对话:

1. 甲: 你的汉语说得不错。
   乙: ＿＿＿＿＿＿＿＿＿＿＿＿＿(请别见笑)

2. 甲: 你可以用汉语和朋友们聊天儿了吗?
   乙: ＿＿＿＿＿＿＿＿＿＿＿＿＿(还不怎么…，不过…至少)

3. 甲:（在饭桌上）请别见笑,我用筷子（刀、叉）吃饭还不怎么

—171—

习惯。

　　乙：_____(就像…一样)
4.甲：我对那个地方的生活习惯了解一些。
　　乙：_____(说说看)
5.甲：刀叉和筷子你都会用了吧？
　　乙：_____(不但…而且)
6.甲：大家在一起包饺子，边包边聊，很有意思！
　　乙：_____(没错儿)
7.甲：吃饺子用刀叉好还是用筷子好。
　　乙：_____(比…好多了)
8.甲：中国北方人过春节为什么要包饺子？
　　乙：_____(显得)

二、看图说话：

请说出图中餐具名称并说说在什么时候用。

三、根据课文回答问题：
1.大卫用筷子用得怎么样？
2.为什么外国朋友到中国都喜欢学用筷子呢？
3.上海的民间藏筷馆收藏了多少种筷子？
4.为什么现在中国提倡用公筷？
5.张强为什么认为吃自助餐好？

第16课　　我真舍不得离开这里

（一）

美智子：时间过得真快，转眼①一个多月过去了。
　　　　Shíjiān guò de zhēn kuài, zhuǎnyǎn yí ge duō yuè guòqu le.

英　夫：可不是。
　　　　Kěbúshì.

美智子：你还记得刚到学校的时候，我们第一次逛校园吗？
　　　　Nǐ hái jìde gāng dào xuéxiào de shíhou, wǒmen dì yī cì guàng xiàoyuán me?

英　夫：当然记得。
　　　　Dāngrán jìde.

美智子：现在很快就要离开这里了，我心里有一种说不出的滋味②。
　　　　Xiànzài hěn kuài jiù yào líkāi zhèli le, wǒ xīnli yǒu yì zhǒng shuō bù chū de zīwèi.

英　夫：我对这里的一切，都有了感情。
　　　　Wǒ duì zhèli de yíqiè, dōu yǒu le gǎnqíng.

美智子：我真舍不得离开这里；舍不得离开老师和同学。
　　　　Wǒ zhēn shěbude líkāi zhèli; shěbude líkāi lǎoshī hé tóngxué.

英　夫：这一个来月③够忙的，前些天我真想能放几天假，出去玩玩，可现在……
　　　　Zhè yí ge lái yuè gòu máng de, qián xiē tiān wǒ zhēn xiǎng néng fàng jǐ tiān jià, chūqu wánrwanr, kě xiànzài……

美智子：现在又觉得结束得太早了，是吗。
　　　　Xiànzài yòu juéde jiéshù de tài zǎo le, shì me?

英　夫：是的，这几周的生活给我留下了很深的印象。
　　　　Shì de, zhè jǐ zhōu de shēnghuó gěi wǒ liú xià le hěn shēn de yìnxiàng.

美智子：我喜欢我们的课堂气氛，又紧张又愉快。

—173—

	Wǒ xǐhuan wǒmen de kètáng qìfēn, yòu jǐnzhāng yòu yúkuài.
英 夫:	上最后一天课的时候，我一定要拍几张课堂上的照片儿。 Shàng zuìhòu yì tiān kè de shíhou, wǒ yídìng yào pāi jǐ zhāng kètáng shang de zhàopiānr.

(二)

张　强 王玉华:	我们给你们送行来了。 Wǒmen gěi nǐmen sòngxíng lái le.
美智子:	谢谢你们来送我们。 Xièxie nǐmen lái sòng wǒmen.
英 夫:	一个月来④你们给了我们很多帮助。 Yí ge yuè lái nǐmen gěi le wǒmen hěn duō bāngzhù.
张:	哪里，我们关心得很不够。 Nǎli, wǒmen guānxīn de hěn bú gòu.
美智子:	和你们分别我很难过。 Hé nǐmen fēnbié wǒ hěn nánguò.
英 夫:	这里给我们留下了很多美好的回忆。 Zhèli gěi wǒmen liúxià le hěn duō měihǎo de huíyì.
王:	你们走了，我们会想念你们的，希望常给我们来信。 Nǐmen zǒu le, wǒmen huì xiǎngniàn nǐmen de, xīwàng cháng gěi wǒmen láixìn.
美智子:	一定，一定。 Yídìng, yídìng.
王:	有什么事要帮忙，请来信告诉我们。 Yǒu shénme shì yào bāngmáng, qǐng láixìn gàosu wǒmen.
英 夫:	好的。 Hǎo de.
张:	希望有机会再到中国来。 Xīwàng yǒu jīhuì zài dào Zhōngguó lái.
美智子:	我一定再来。

	Wǒ yídìng zài lái.
张:	车要开了，你们快上来吧！
	Chē yào kāi le, nǐmen kuài shàng chē ba!
英 夫 美智子:	好。
	Hǎo.
张:	向你们家里人问好。
	Xiàng nǐmen jiā li rén wènhǎo.
英 夫 美智子:	好，谢谢。
	Hǎo, xièxie.
王:	祝你们一路顺风⑤。
	Zhù nǐmen yílù shùn fēng.
美智子 英 夫:	好，再见。
	Hǎo, zàijiàn.
张 王:	再见！
	Zàijiàn!

Lesson 16   I'd Really Hate to Part with This Place

(1)

Michiko: Time flies so quickly. More than a month has gone by in the blink of an eye.
Hideo: Yes, of course.
Michiko: Do you still remember the time we first arrived at school and our first stroll around campus?
Hideo: Of course I remember.
Michiko: Now that we have to leave this place real soon, I have a kind of grief inside me that I cannot express in words.
Hideo: I've developed feelings for everything here.
Michiko: I'd really hate to part with this place, with my teachers and

—175—

	with my classmates.
Hideo:	I've been so busy this past month. A few days ago, I really wanted to take a few days off and go travel, but now…
Michiko:	Now you feel it's ending too soon, right?
Hideo:	Yes, these few weeks of my life have left deep impressions for me.
Michiko:	I like our classroom atmosphere. It's not tense but cheerful.
Hideo:	I have to take some pictures during class time on the last day of class.

(2)

Zhang Qiang Wang Yuhua:	We've come to see you off.
Michiko:	Thank you for coming.
Hideo:	You've been very helpful during this past month.
Zhang Qiang:	Don't mention it. We didnt take care of you well enough.
Michiko:	I feel very sad to part with you.
Hideo:	This place has left us with so many happy memories.
Wang Yuhua:	We'll miss you after you leave. I hope you write to us often.
Michiko:	Definitely.
Wang Yuhua:	If you need help in anything, please write and tell us.
Hideo:	Sure.
Zhang Qiang:	I hope you return to China when you have an opportunity.
Michiko:	I'll definitely be back.
Zhang Qiang:	The car is about to leave, hurry up and get in!
Hideo Michiko:	Okay.
Zhang Qiang:	Give my regards to your family members.

Hideo:		All right, thank you.
Michiko:		
Wang Yuhua:		I hope you have a safe trip.
Michiko:		Okay, goodbye!
Hideo:		
Zhang Qiang:		Bye—bye!
Wang Yuhua:		

第16課　ここを去るのは本当に辛い

（一）

美智子：時が過ぎるのは本当に早いわ。あっという間に1ヵ月ほどが経っちゃったのね。

英夫：そうだね。

美：来たばかりの頃に初めて校内を歩いたときのこと覚えてる？

英：もちろん覚えてるよ。

美：今はもうここを去るんだものね。何とも言えない気持ちだわ。

英：ここでの全ての事が思い出深いよ。

美：ここを去るのは辛いわね。先生や友達とも別れがたいし。

英：この1ヵ月ほどは本当に忙しかった。少し前までは、休みになって遊びに行きたいって思ってたんだけど、今はな……

美：今は終わってしまうには早すぎるって思ってるんでしょ？

英：うん。この数週間の生活はとても印象深いよ。

美：私は教室のリラックスした楽しい雰囲気が好きだったわ。

英：最後の授業のときには、絶対に教室で写真をとらなくちゃ。

（二）

張強：　　見送りに来たよ。
王玉華：

美：来てくれてどうもありがとう。

英：1ヵ月間、君達には色々手伝ってもらったね。

—177—

張： そんなことないよ、まだまだ足りないくらいだ。
美： お別れするのは辛いわ。
英： たくさんいい思い出が出来たよ。
王： あなた達が帰ってしまった後できっと懐かしく思うでしょう。手紙下さいね。
美： 必ず書くわ。
王： 何かお手伝いする事があったら、手紙で知らせてね。
英： わかった。
張： また中国に来る機会があるといいな。
美： 必ずまた来るわ。
張： もう発車するから、乗った方がいいよ。
英、美：うん。
張： 家族の皆様によろしく。
英、美：わかった。ありがとう。
王： 気をつけて帰ってね。
英、美：うん、さよなら。
張、王：さよなら！

词　语

1.	转眼	zhuǎnyǎn	in the twinkling of an eye, in a flash ちょっとの間、瞬く間、あっという間
2.	逛　(动)	guàng	stroll ぶらぶらする、遊覧する
3.	滋味儿(名)	zīwèir	flavor, taste (often used figuratively)

			味、気分、気持ち
4.	感情 (名)	gǎnqíng	feelings, emotions
			愛情、親しみ
5.	舍不得	shěbùdé	hate to part with
			名残惜しい、別れがたい
6.	放假 (动)(名)	fàngjià	have a vacation, have a day off
			休暇になる、休みにする
7.	结束 (动)	jiéshù	end, conclude
			終わる
8.	留下 (动)	liúxià	leave
			残す
9.	深刻 (形)	shēnkè	deep
			深い
10.	印象 (名)	yìnxiàng	impression
			印象
11.	课堂气氛	kètáng qìfen	classroom atmosphere
			教室の雰囲気
12.	紧张 (形)	jǐnzhāng	nervous
			緊張している、緊迫している
13.	愉快 (形)	yúkuài	happy, cheerful
			愉快である、心楽しい
14.	送行 (动)	sòngxíng	see someone off on a trip
			送別する、見送りする
15.	分别 (动)	fēnbié	part (with someone)
			別れる
16.	难过 (形)	nánguò	sad
			つらい
17.	想念 (动)	xiǎngniàn	miss (someone)
			心にかける、懐かしく思う

18.	美好	(形)	měihǎo	fine, happy
				良い、素晴らしい
19.	回忆	(动 名)	huíyì	recall, recollect; memories
				回想、思い出
20.	向	(介)	xiàng	towards
				～に
21.	问好		wènhǎo	Say hello to…, Give my best to…
				よろしく言う
22.	一路顺风		yílù shùnfēng	Smooth sailing! Have a good trip.
				道中ご無事で、気をつけて帰る

注 释

① 转眼

"转眼"意思是时间很短,在这里表示说话人感觉时间过得很快。

② 心里有说不出的滋味

也说"心里有说不出的味道"。表示心里的感情很复杂,多指有难过的心情。

③ 一个来月

"来"表示大概的数目。一个来月是指一个月左右的时间。

④ 一个月来

"一个月来"意思是指从一个月以前开始到现在。

⑤ 祝你们一路顺风

"祝……一路顺风"是送行时常说的话。有时也说一路平安。

英语注释

① 转眼

It means a short time, indicating the speaker feels the time has passed swiftly.

② 心里有说不出的滋味

Also phrased 心里有说不出的味道, this means that one's emotional state is very complex and difficult to express in words. It usually refers to sadness.

③ 一个来月

来 expresses an approximate figure, 一个来月 means "about one month".

④ 一个月来

Since a month ago, the past month.

⑤ 祝你们一路顺风

When seeing off friends who will take a long trip, people often say this to wish their friends a safe jurney. 一路平安 is also often used.

日 语 注 释

①转眼

"转眼"とは、短い時間という意味である。ここでは、時の過ぎるのが早いと話し手が感じていることを表す。

②心里有说不出的滋味

"心里有说不出的味道"ともいえる。心の中の感情が複雑であることを表す。多くつらい心情を指す。

③一个来月

"来"はおおよその数字を表す。一個来月とは、ほぼ1ヵ月位のことである。

④一个月来

"一个月来"とは、1ヵ月前から始まり現在に至ることを表す。

⑤祝你们一路顺风

"祝……一路顺风"は、送別の際によく用いられる言葉である。"一路平安"ともいう。

练 习

一、完成对话：

1. 甲：时间过得真快！
   乙：＿＿＿＿＿＿＿＿＿＿＿＿（转眼）
2. 甲：你还记得咱们刚到这里来的情景吗？
   乙：＿＿＿＿＿＿＿＿＿＿＿＿（当然、逛）
3. 甲：你觉得在这里的一段学习生活怎么样？
   乙：＿＿＿＿＿＿＿＿＿＿＿＿
4. 甲：我现在真舍不得离开这里，你呢？
   乙：＿＿＿＿＿＿＿＿＿＿＿＿
5. 甲：你怎么带着照像机去上课呢？
   乙：＿＿＿＿＿＿＿＿＿＿＿＿

二、请告诉我：

1. 快要分别了，你心里是怎么想的？
2. 你和班上同学分开以后，还有机会再见面吗？
3. 你喜欢紧张地学习吗，为什么？
4. 你对这里的印象怎么样？
5. 要是你还想念这里的话，你会怎么做呢？
6. 很快要离开这里了，你想说些什么？

三、看图说话：

请说出同学们在告别时的一组对话，并在对话中用下面的词语：
　　转眼　　舍不得　　留下　　印象
　　分别　　难过　　　想念　　回忆
　　一路顺风　　　　　向…问好

总词语表

词条	词性	拼音	课号
		A	
哎	(叹)	āi	05
哎	(叹)	ài	12
安排	(动)	ānpái	10
按照	(介)	ànzhào	11
		B	
百货商店	(名)	bǎihuò shāngdiàn	03
白酒	(名)	báijiǔ	08
帮忙	(动)	bāngmáng	10
半年	(名)	bànnián	01
饱	(形)	bǎo	09
包裹	(名)	bāoguǒ	04
包子	(名)	bāozi	08
杯	(量)	bēi	08
北	(名)	běi	02
背(生词)	(动)	bèi(shēngcí)	07
背诵	(动)	bèisòng	14
比	(动)	bǐ	04
比价	(名)	bǐjià	04
遍	(量)	biàn	05
表演	(动)	biǎoyǎn	12
别客气		biékèqi	10
比较	(动)	bǐjiào	06
比如	(动)	bǐrú	14
不少		bùshǎo	14
布鞋	(名)	bùxié	03

C

菜单	(名)	càidān	08
藏筷馆		cáng kuài guǎn	15
餐馆	(名)	cānguǎn	12
餐厅	(名)	cāntīng	08
茶	(名)	chá	07
尝	(动)	cháng	09
长	(形)	cháng	03
长寿面		chángshòu miàn	12
长途电话	(名)	chángtú diànhuà	05
炒面	(名)	chǎomiàn	08
茶叶	(名)	cháyè	03
乘客	(名)	chéngkè	02
衬衣	(名)	chènyī	03
(汽)车站	(名)	(qì)chēzhàn	02
穿(过)	(动)	chuān(guo)	11
出差	(动)	chūchāi	07
吹风		chuīfēng	06
除了…以外		chúle…yǐwài	10
初学		chūxué	14
磁带	(名)	cídài	03
醋	(名)	cù	09

D

打	(动)	dǎ	07
大号儿	(名)	dà hàor	03
打开	(动)	dǎ kāi	02
打(电话)	(动)	dǎ (diànhuà)	05
大胆		dàdǎn	14
代表	(名)	dàibiǎo	15
淡	(形)	dàn	09

—185—

当	(动)	dāng	01
当然	(形)	dāngrán	10
耽误	(动)	dānwù	10
担心	(动)	dānxīn	05
倒(茶)	(动)	dào(chá)	07
倒影	(名)	dàoyǐng	11
打扰	(动)	dǎrǎo	07
打听	(动)	dǎtīng	06
打针	(动)	dǎzhēn	13
得	(动)	dé	13
得	(助动)	děi	04
低	(形)	dī	06
递	(动)	dì	06
点	(动)	diǎn	08
点	(动)	diǎn	12
电车	(名)	diànchē	02
电话亭	(名)	diànhuà tíng	05
订	(动)	dìng	12
丁字路口		dīngzì lùkǒur	02
第一次		dìyīcì	01
东	(名)	dōng	02
端	(动)	duān	09
短	(形)	duǎn	03
锻炼	(动)	duànliàn	07
短期班	(名)	duǎnqībān	01
兑换	(动)	duìhuàn	04
对面	(名)	duìmiàn	02

E

恶心	(动)	ěxīn	13

F

发	(动)	fā	10
法律	(名)	fǎlǜ	01
放假	(动)	fàngjià	16
翻译	(名)	fānyì	01
发烧	(动)	fāshāo	13
发型	(名)	fàxíng	06
发炎	(动)	fāyán	13
发音	(名)	fāyīn	10
肥	(形)	féi	03
肺	(名)	fèi	13
肥肉		féi ròu	09
分别	(动)	fēnbié	16
封	(量)	fēng	04
风格	(名)	fēnggé	11
分机	(名)	fēnjī	05
附近	(名)	fùjìn	12
服务员	(名)	fúwùyuán	08

G

敢	(动)	gǎn	09
刚	(副)	gāng	02
干净	(形)	gānjìng	07
感情	(名)	gǎnqíng	16
感谢	(动)	gǎnxiè	10
糕点	(名)	gāodiǎn	07
跟	(动)	gēn	01
工人	(名)	gōngrén	01
公司	(名)	gōngsī	01
公用电话	(名)	gōngyòng diànhuà	05
古今中外		gǔ jīn zhōng wài	15

—187—

挂号信	(名)	guàhào xìn	04
拐	(动)	guǎi	02
怪	(形)	guài	11
刮脸		guāliǎn	06
逛	(动)	guàng	16
关门	(动)	guānmén	12
贵姓		guìxìng	01
过程	(名)	guòchéng	15
过分	(形)	guòfèn	13
过路人	(名)	guòlù rén	02
故事	(名)	gùshi	14
		H	
航空	(名)	hángkōng	04
好吃	(形)	hǎochī	09
好处	(名)	hǎochu	07
黑	(形)	hēi	03
横	(名)	héng	14
合适	(形)	héshì	03
红	(形)	hóng	03
划船		huáchuán	11
换(车)	(动)	huàn chē	02
黄	(形)	huáng	03
欢迎	(动)	huānyíng	03
回电话		huí diànhuà	05
回忆	(动、名)	huíyì	16
火车站	(名)	huǒchē zhàn	02
护士	(名)	hùshi	01
		J	
急	(形)	jí	07
寄	(动)	jì	04

家	(量)	jiā	06
夹	(动)	jiā	15
剪	(动)	jiǎn	06
建	(动)	jiàn	11
江南水乡		jiāngnán shuǐxiāng	11
酱油	(名)	jiàngyóu	09
见笑		jiànxiào	15
叫	(动)	jiào	05
饺子	(名)	jiǎozi	08
基本上	(副)	jīběnshang	14
接电话		jiē diànhuà	05
结巴	(形)	jieba	14
接近	(动)	jiējìn	10
节目	(名)	jiémù	12
结束	(动)	jiéshù	16
接线员	(名)	jiēxiànyuán	05
结帐	(动)	jiézhàng	09
进步	(形、名)	jìnbù	14
尽管	(副)	jǐnguǎn	10
紧张	(形)	jǐnzhāng	16
鸡肉	(名)	jīròu	08
纠正	(动)	jiūzhèng	10
卷	(动)	juǎn	10
聚	(动)	jù	12
		K	
咖啡	(名)	kāfēi	07
开药		kāiyào	13
看样子		kànyàngzi	14
可(玩的)		kě(wánrde)	11
课程表	(名)	kèchéngbiǎo	10

可乐	（名）	kělè	08
可能	（助动）	kěnéng	05
可是	（连）	kěshì	01
咳嗽	（动）	késòu	13
课堂气氛		kètáng qìfen	16
可惜	（形）	kěxī	09
空腹		kōngfù	13
（一）块(钱)	（量）	(yí)kuài(qián)	03
筷子	（名）	kuàizi	15
宽敞	（形）	kuānchǎng	07
裤子	（名）	kùzi	03

L

辣	（形）	là	08
蓝	（形）	lán	03
篮球	（名）	lánqiú	07
蜡烛	（名）	làzhú	12
累	（形）	lèi	07
练	（动）	liàn	07
量	（动）	liáng	13
凉菜	（名）	liángcài	08
练习	（动）	liànxí	10
聊	（动）	liáo	07
了解	（动）	liǎojiě	08
聊天	（动）	liáotiānr	07
理发		lǐfà	06
理发店	（名）	lǐfà diàn	06
离开	（动）	líkāi	09
另外	（代）	lìngwài	10
历史	（名）	lìshǐ	01
留	（动）	liú	07

—190—

留下	(动)	liúxià	16
流行	(动、形)	liúxíng	06
留学生	(名)	liúxuésheng	01
路	(量)	lù	02
绿色	(名)	lǜsè	03
律师	(名)	lǜshī	01
录音	(动、名)	lùyīn	07
录音机	(名)	lùyīnjī	03

M

麻烦	(动)	máfan	02
马路	(名)	mǎlù	02
馒头	(名)	mántou	08
满意	(形)	mǎnyì	06
毛病	(名)	máobìng	13
毛衣	(名)	máoyī	03
帽子	(名)	màozi	03
马上	(副)	mǎshàng	05
没关系		méi guānxi	04
美好	(形)	Měihǎo	16
没劲儿		méijìnr	13
美元	(名)	Měiyuán	04
门口儿	(名)	ménkǒur	06
门诊部		ménzhěnbù	13
迷路	(动)	mílù	05
面条	(名)	miàn tiáo	08
米饭	(名)	mǐfàn	08
名胜古迹		míngshènggǔjì	11
民间		mínjiān	15
民族歌舞	(名)	mínzúgēwǔ	05

—191—

N

耐心	(形名)	nàixīn	14
南	(名)	nán	02
难过	(形)	nánguò	16
南门(儿)	(名)	nánmén(r)	01
闹笑话		nào xiàohua	14
腻	(形)	nì	09
牛肉	(名)	niúròu	08

O

| 哦 | (叹) | ò | 01 |

P

怕	(动)	pà	09
拍	(动)	pāi	11
牌价	(名)	páijià	04
(站)牌儿	(名)	(zhàn)páir	02
盘	(量)	pán	09
爬山	(动)	páshān	11
啤酒	(名)	píjiǔ	08
平信	(名)	píngxìn	04
葡萄酒	(名)	pútaojiǔ	08

Q

齐	(形)	qí	09
前些日子		qiánxiērìzi	07
敲门	(动)	qiāo mén	05
切	(动)	qiē	15
气氛	(名)	qìfen	15
清楚	(形)	qīngchu	05
汽水儿	(名)	qìshuǐr	08
其他	(代)	qítā	10
劝酒		quànjiǔ	15

| 缺点 | (名) | quēdiǎn | 15 |
| 取药 | | qǔyào | 13 |

R

让	(动)	ràng	12
人民币	(名)	Rénmínbì	04
认识	(动)	rènshi	01
肉排	(名)	ròupái	15
软卧	(名)	ruǎnwò	11
如愿以偿		rúyuànyǐcháng	12

S

嗓子	(名)	sǎngzi	13
(第)三声变调		(dì)sānshēngbiàndiào	14
沙发	(名)	shāfā	07
上	(动)	shàng	04
商量	(动)	shāngliang	06
商业街	(名)	shāngyèjiē	11
山青水绿		shānqīngshuǐlǜ	11
稍	(副)	shāo	08
舍不得		shěbudé	16
伸向		shēn xiàng	15
盛情		shèngqíng	12
深刻	(形)	shēnkè	16
舌头	(名)	shétou	10
试	(动)	shì	03
试表		shìbiǎo	13
时髦	(形)	shímáo	06
事儿	(名)	shìr	05
十字路口		shízì lùkǒur	02
收	(动)	shōu	09
瘦	(形)	shòu	03

—193—

瘦肉		shòu ròu	09
收藏	(动)	shōucáng	15
收藏家		shōucáng jiā	15
收获	(动名)	shōuhuò	14
售货员	(名)	shòuhuòyuán	03
售票员	(名)	shòupiàoyuán	02
收信人	(名)	shōuxìnrén	04
竖	(名)	shù	14
书店	(名)	shūdiàn	10
水果	(名)	shuǐguǒ	07
水平	(名)	shuǐpíng	07
熟练	(名)	shúliàn	15
司机	(名)	sījī	01
送行	(动)	sòngxíng	16
酸	(形)	suān	08
算	(动)	suàn	14
随便	(形)	suíbiàn	08
所以	(连)	suǒyǐ	09
宿舍	(名)	sùshè	04

T

趟	(量)	tàng	07
糖	(名)	táng	07
烫发		tàngfà	06
特殊	(名形)	tèshū	15
甜	(形)	tián	08
贴	(动)	tiē	04
提高	(动)	tígāo	07
挺	(副)	tǐng	03
听	(动)	tīng	13
体温	(名)	tǐwēn	13

头	（名）	tóu	06
头晕		tóuyūn	13
头疼		tóuténg	13

W

碗	（量）	wǎn	08
忘	（动）	wàng	01
往	（介）	wàng	02
往回走		wàng huí zǒu	02
喂	（叹）	wèi(wéi)	05
味道	（名）	wèidao	09
问好		wènhǎo	16
文明	（名形）	wénmíng	15
问题	（名）	wèntí	10

X

洗	（动）	xǐ	06
系	（名）	xì	01
西	（名）	xī	02
下次		xià cì	03
下（一站）		xià(yízhàn)	02
下笔	（动）	xiàbǐ	14
咸	（形）	xián	09
鲜美	（形）	xiān měi	09
显得	（动）	xiǎnde	15
香	（形）	xiāng	09
向	（介）	xiàng	16
想念	（动）	xiǎngniàn	16
笑话	（动名）	xiàohua	14
校园	（名）	xiàoyuán	01
谢什么		xiè shénme	10
习惯	（名）	xíguàn	15

—195—

信封	(名)	xìnfēng	04
行		xíng	04
幸福	(形名)	xìngfú	12
信箱	(名)	xìnxiāng	04
修	(动)	xiū	10
削剪	(动)	xuējiǎn	06
需要	(动)	xūyào	10

Y

盐	(名)	yán	09
颜色	(名)	yánsè	03
邀请	(动)	yāoqǐng	12
夜里		yèli	13
一般	(形)	yìbān	07
一共	(副)	yígòng	02
以后	(名)	yǐhòu	01
一块儿		yíkuàir	11
一路顺风		yílù shùnfēng	16
硬卧	(名)	yìngwò	11
硬座	(名)	yìngzuò	11
银行	(名)	yínháng	04
饮料	(名)	yǐnliào	09
饮食	(名)	yǐnshí	15
印象	(名)	yìnxiàng	16
以前	(名)	yǐqián	01
医生	(名)	yīshēng	01
以为	(动)	yǐwéi	09
哟	(叹)	yò	11
右	(名)	yòu	02
优点	(名)	yōudiǎn	15
邮局	(名)	yóujú	04

邮票	（名）	yóupiào	04
游泳	（动）	yóuyǒng	11
邮政编码	（名）	yóuzhèngbiānmǎ	04
愉快	（形）	yúkuài	16
预习	（动）	yùxí	07

Z

咱们	（代）	zánmen	02
掌握	（动）	zhǎngwò	14
占线		zhànxiàn	05
照…样儿		zhào…yàngr	06
照常		zhàocháng	13
招呼	（动）	zhāohu	08
照镜子		zhàojìngzi	06
照片儿	（名）	zhàopiānr	11
找(钱)	（动）	zhǎo(qián)	03
正赶上		zhènggǎnshang	12
直拨	（名）	zhíbō	05
至少	（副）	zhìshǎo	15
只有…才		zhǐyǒu…cái	09
周末	（名）	zhōumò	11
祝	（动）	zhù	12
住	（动）	zhù	01
转	（动）	zhuǎn	05
转眼		zhuǎnyǎn	16
准备	（动）	zhǔnbèi	10
准确	（形）	zhǔnquè	10
猪肉	（名）	zhūròu	08
主食	（名）	zhǔshí	08
注意	（动）	zhùyì	07
自豪	（形）	zìháo	15

—197—

滋味儿	(名)	zīwèir	16
自行车	(名)	zìxíngchē	10
总	(副)	zǒng	14
总机	(名)	zǒngjī	05
座	(量)	zuò	02
左	(名)	zuǒ	02
坐船		zuò chuán	11
坐火车		zuò huǒchē	11

责任编辑：龙燕俐
封面设计：朱　丹

30 天汉语通
（初级本）
陈如　刘虹　刘立新　编著
*
©华语教学出版社
华语教学出版社出版
（中国北京百万庄路 24 号）
邮政编码 100037
电话: 86-010-68995871 / 68326333
传真: 86-010-68326333
电子信箱: hyjx@263.net
北京外文印刷厂印刷
中国国际图书贸易总公司海外发行
（中国北京车公庄西路 35 号）
北京邮政信箱第 399 号　邮政编码 100044
新华书店国内发行
1994 年（大 32 开）第一版
2002 年第五次印刷
（汉英日）
ISBN 7-80052-587-2 / H·417(外)
9－CEJ－2860P
定价：15.50 元